道歉的
五种语言

♥

When
Sorry
Isn't Enough

[美]
盖瑞·查普曼
詹妮弗·托马斯 著
/
祝 茵 译

中国社会出版社
国家一级出版社·全国百佳图书出版单位

图书在版编目（CIP）数据

道歉的五种语言 ／（美）盖瑞·查普曼，（美）詹妮弗·托马斯著；祝茵译. -- 北京：中国社会出版社，2024.3

书名原文：When Sorry Isn't Enough

ISBN 978-7-5087-7032-1

Ⅰ．①道… Ⅱ．①盖… ②詹… ③祝… Ⅲ．①言语交往-语言艺术-通俗读物 Ⅳ．① H019-49

中国国家版本馆 CIP 数据核字(2024)第 049177 号

图字：01-2024-0564 号

This book was first published in the United States by Northfield Publishing with the title *When Sorry Isn't Enough*, copyright © 2013 by Gary Chapman and Jennifer Thomas. Translated by permission. All rights reserved.

出 版 人：程 伟	终 审 人：魏光洁
责任编辑：余细香	策 划：找到啦
责任校对：卢光花	封面设计：曹 琦 李晓斌
出版发行：中国社会出版社	地 址：北京市西城区二龙路甲 33 号
邮政编码：100032	编 辑 部：（010）58124839
网 址：shcbs.mca.gov.cn	发 行 部：（010）58124845 58124848
经 销：新华书店	
印刷装订：环球东方（北京）印务有限公司	开 本：145mm×210mm 1/32
印 张：7.25	字 数：130 千字
版 次：2024 年 3 月第 1 版	印 次：2024 年 3 月第 1 次印刷
定 价：58.00 元	

中国社会出版社微信公众号

中国社会出版社天猫旗舰店

致卡洛琳

在长达 40 多年的

漫长婚姻中

你不断接受我的道歉

并一次次给予恩慈的谅解

致我的父母

吉姆与弗兰基·麦肯恩

诚挚感恩你们赐予我生命与爱

目 录

引 言

道歉为何重要 / 1

第一章

    道歉是一种纠错机制 / 5

第二章

    道歉语言之一：表达悔意 / 15

第三章

    道歉语言之二：承认过错 / 33

第四章

    道歉语言之三：弥补过失 / 53

第五章

    道歉语言之四：真诚悔改 / 73

第六章
　　道歉语言之五：请求原谅 / 95

第七章
　　如何开口道歉 / 109

第八章
　　为何开不了口 / 121

第九章
　　学习原谅 / 143

第十章
　　疗愈家庭关系 / 161

第十一章
　　选择饶恕自己 / 181

第十二章
　　真实的道歉，真心的饶恕 / 195

致　谢 / 203

道歉语言问卷调查 / 208

引　言

道歉为何重要

一次，我遇到一位母亲，她为自己的女儿烦心不已："我女儿总是迟到。她哪儿都好，就是有迟到的坏习惯。回家吃晚饭迟到，去参加活动也迟到，她就没有能准点的时候。这虽然说不是什么大事，可我心里就琢磨着她能为此事道个歉也好，哪怕一次也行！"

还有一次，我碰到了丽萨（容我先这么称呼她），她向我抱怨："我很爱我的丈夫，但他有一件事特让我生气，就是一犯错，就忙不迭道歉，可之后跟没事儿人一样，该怎么着还怎么着，尤其是对待家务事。我心想，您能不能不只是嘴上说：'对不起啊，亲爱的，我又忘了拖厨房的地。'您倒是干呀！"

夏洛克今年50来岁，和自己的弟弟关系越来越僵。事情缘于几年前，弟弟从夏洛克手里骗走了一笔钱，夏洛克伤心地对我说："他根本没觉得自己做得不对。我真不是在乎那些钱，就是咽不下这口气，他总得做点儿什么来弥补一下吧！"

米歇尔和山姆离婚了，后来，她慢慢认识到自己在婚姻中也有错，开始寻求帮助，期待与丈夫破镜重圆。"内心深处，我听见有个声音在轻声呼唤，要我改变自己，成为一个全新的自己。"她说。

在人与人的相处当中，冲突不断困扰着我们，小到让人心烦意乱，大到摧毁我们原有的幸福生活，其实问题的实质都是一样的——美好的关系需要双方悉心呵护，犯了错就要诚心诚意地道歉。那么，我们具体又该怎么做呢？

带着同样的问题，萨拉来参加我的婚姻课程，她课前来找我，问："您肯定会跟我们讲道歉很重要，对吧？"

我微笑着回答："有意思，你为什么这么问啊？"

"您看，我丈夫就只会说'对不起'，可那在我眼里根本就不算是道歉。"

我问她："你希望他说点什么、做点什么呢？"

"我希望他认错，请求我原谅他，还希望他保证不会再犯。"

我和詹妮弗·托马斯博士做了很多调查，看看到底怎么做才是有效的道歉，结果发现，很多人的需求都和萨拉一样，他们要对方认错，希望对方请求自己原谅。然而，另一个问题出现了——道歉这个词的意思，在每个人心中并不是都一样，因为每个人表达道歉的"语言"都不尽相同。

詹妮弗·托马斯博士指出："这样的事在辅导中太常见了，一个人说：'只要他开口道歉就行。'另一个听了立刻反驳：'我道歉了呀！'接下来他们就开始为怎么才算道歉吵得不可开交，公说公有理，婆说婆有理。"

同样的事儿在我的办公室里也不断上演。很明显，夫妻双方不能互通心意。所谓的道歉，并没有达到原谅与和解的预期效果。回想我自己的婚姻，何尝不也是如此？卡洛琳的道歉对我来说十分牵强，而当我道歉时，她也很难原谅我，因为她感觉我没有诚意。

简单地说声"对不起"，是解决不了问题的，人们需要学习如何有效的道歉，以挽救马上要被痛苦浇灭的爱的火花。我们深信，学会了正确的道歉，理解了彼此道歉的语言后，人们就不会再找那些令人厌烦的借口，而是可以享受真诚、信任和愉悦的关系。

当今社会到处都是纷争、隔阂、愤恨和冲突，为此，本书想用一整章的篇幅来讨论：如果所有人都学会了有效的道歉，世界会变成什么模样？或许会有人认为这个想法不切实际，但我们相信这是很有可能实现的事。

欢迎大家加入我们的讨论，一起探索真正的道歉意味着什么，并做到真正的宽恕。

盖瑞·查普曼博士

詹妮弗·托马斯博士

第一章

道歉是一种纠错机制

/ 第 一 章 /
道歉是一种纠错机制

如果我们生活在一个完美的世界里，就谁也不需要道歉了；正因为世界并非如此，谁都避免不了要向人道歉。首先，我想谈一下人类学和人类发展史上一些重要的研究成果。人类学家得出一个确切的结论：每个人都具有道德性，能够分辨对与错，有时候，人们对道德的坚持，几乎达到坚不可摧的地步。心理学上把人的这种属性称为良知。

当然，人们也指出，良知所遵循的标准，会受到不同文化的影响。举例来说，因纽特人出远门，若是身上带的东西都吃光了，他完全可以敲开任何一扇冰屋的门，主人也一定会用家里的美食来招待他。但是，在其他的西方国家里，擅闯私宅被视为"非法闯入"，是一种犯罪行为。尽管不同的文化对"对"与"错"的看法有区别，甚至在同一种文化里，有时候，人们对与错的标准也不尽相同，但大家仍然一致认为：每个人天生都具有衡量"对"与"错"的意识。

一个人的心中若认定了某事，却遭受了别人的冒犯，他会感到愤怒，会对冒犯自己的人心生委屈与怨恨。这个冒犯的举动在两人心中筑起了高墙，破坏了他们的关系。就算两人都愿意，他们也无法像什么也没发生过那样生活。被弟弟骗走了钱的夏洛克对此就深有体会："我和弟弟的关系，再也回不到从前了。"无论是什么样的过错，被冒犯的一方心中总是渴望寻求公义的裁决。目前所有的司法制度，也正是建立在这些事实基础之上。

呼唤和好

当受害方获得了公义的裁决，内心会感受到某种程度的满足，但我们也需要明白一件事，公义的裁决并不会促进双方关系的复合。比方说，一个员工挪用公司钱款，被抓住了，经过审判，员工最终付了罚金或者被关进了监狱，对所有人来说，正义得到了伸张。但公司不可能继续留用这名员工坐在以前的位子上了。与此相反，若是该员工在挪用钱款后，幡然悔悟，向上级汇报了过失，真诚表达了自己的愧疚，愿意弥补所有的损失，请求公司给予宽大处理，他就有可能被公司继续留用。

人类具有惊人的宽恕能力。记得几年前，我去参观英国的考文垂。站在一片第二次世界大战时期被德国纳粹炸毁的大教堂废墟上，我听导游讲述了废墟旁边的新教堂的故事：战后数年，有一群德国人来到这里，帮忙新建了这座大教堂，作为替自己的同胞所造成的伤害的一个悔罪行动。新教堂建成之后，大家一致同意，不拆除老的大教堂废墟，而是留着它，让它安安静静地躺在新建成的教堂宏伟的影子下面。在那里，新老教

第一章
道歉是一种纠错机制

堂都向人们展现了深厚的蕴意:老的废墟象征了人与人之间的凶残,新的建筑物象征着宽恕与和解的伟大力量。

一个人做了错事,会影响他与别人之间的关系。然而,在双方心中,还有一种强烈的渴望,希望可以化解冲突。每个人的内心深处,对和睦的关系都有强烈的期待,有的时候这种期待的强烈程度,甚至压倒了心中寻求公义的渴望。这种倾向和渴望,在越亲近的关系中越强烈。举例来说,若有妻子遭受了丈夫的家暴,她的内心会经历激烈的交战。一方面,她心中充满了伤痛和愤怒,希望丈夫为所犯的错付出代价;另一方面,她也渴望和解。这时,若丈夫愿意向妻子真诚地道歉,就可能促成两人和好;否则,妻子的道德感就会驱使她寻求公正的审判。这些年来,我目睹了无数的离婚案件,在每个案件的审理过程中,法官都绞尽脑汁,力图给出最公正的判决。在这种时候,我通常会想:如果夫妻双方有谁愿意向对方真心地道歉,结局是不是就不一样了?事情是不是就不会闹到如此不好收场的地步?

我曾经看着一个少年人愤怒的双眼,心想:要是那个打他的父亲可以开口道歉,这个少年的人生是不是可以重写呢?这一切都在说明一个问题:如果受伤害的一方得不到道歉,他们心中的愤怒会不断累积,促使他们不顾一切地寻求公义。有时,一个人得不到自己所期待的公义,他会自己动手去解决问题,以牙还牙。当所有的愤怒不断升级的时候,事情的结局很可能是非常惨烈的。就像在一宗枪杀案件中表现出来的一样：凶手直接闯进自己原来工作的办公室，枪杀了伤害过自己的上司和3名同事，此时，只有仇杀才能使他的内心得到满足。但是，我们设想一下，如果这个人可以怀着爱心和勇气寻求冲突的解决之道，而伤害他的人也有勇气道歉，事情的结果会不会完全不同呢？

没有道歉，也可以原谅吗

1945年被害于纳粹集中营的伟大的神学家朋霍费尔曾反对有关"不需悔改的饶恕"的教导，他明确指出，这种饶恕是"廉价的恩典……这种教导，把对悔改的罪人的宽恕，与对罪恶的宽容混为一谈"[1]。

真正的饶恕可以消除隔阂。随着时间的推移，饶恕可以在双方的内心重新打开通往信任之门。如果在被冒犯之前，你们的关系是温暖、亲密的，那么你们可以再次相爱；如果你们的关系仅仅是点头之交，它可能因为双方的互动而加深。如果伤害来自陌生人，诸如强奸犯或杀人犯，自然谈不到需要恢复关系。犯罪的人若是愿意道歉，受害方也原谅了他，双方都会回到自己的生活轨迹里去，罪犯也仍将面对审判和处罚，因为若没有法律制裁的话，犯罪分子岂不是要在世上横行霸道了？

---

[1] Dietrich Bonhoeffer, *The Cost of Discipleship* (New York: Macmillan, 1963).p.47.

/ 第一章 /
道歉是一种纠错机制

20 升的容器

当一个人愿意道歉时，意味着他愿意为自己的行为负责，甚至愿意向受害者作出赔偿。一个真心诚意的道歉，可以为双方的关系打开饶恕与和解之门，使关系得以继续保持和进一步发展；若是双方有了冲突，做错了的一方却不向对方道歉，敌意将持续存在，双方的关系也会降温。每一段良好的关系都以愿意道歉、饶恕与和好为存续的基础。

做错的一方向对方真诚地道歉，可以减轻自己内心的愧疚感。在这里我想打一个比方，请你试想一下，你的良心就是绑在你背上的 20 升空桶，当你得罪一个人的时候，就如同往桶里倒进了 4 升水，如果你犯了三四次错，就如同往桶里倒进了十几升水。背着这么重的负担，内心该有多重呢？一个人的心里若是充满了罪恶感与羞耻感，是不是会沉甸甸的非常难受？有效地清空它们的唯一方法是向被你冒犯的人道歉。道歉后，心才能解脱，才可以再次坦然面对生活，微笑面对自己，真诚面对别人。这种坦荡不是缘于自己是个完人，只因愿意为自己的过错负责。

不过，我们也发现，并不是每个人都学过如何正确地道歉。在健康的家庭里，父母会教导孩子们如何道歉；但很多人生长在不太健康的家庭里，生活中充斥着伤害、愤怒和痛苦。在这样的家庭里，没有人会向他人道歉，他又从哪里去学习道歉呢？

真正的爱意味着什么

在这里，我想告诉大家一个好消息：道歉是一门艺术，人人都可以通过学习掌握和了解它。经过一系列的研究，人们发现，道歉包含五个重要的元素，我们把它们称为道歉的五种语言。这五种语言具有同等的重要性，只是对于不同的人来说，五种语言中有一两种语言会比其他几种语言更加有效。如果我们希望和他人建立良好的关系，就需要了解对这个人来说哪种道歉的语言最有效，然后我们按照他的语言去做，就可以使他更容易原谅你。如果你的道歉说不到点子上，他就很难感受到你的诚意，当然也就难以原谅你了。

如果我们想加深与他人的亲密关系，学习并正确运用这五种道歉的语言就至关重要。

我们会在接下来的五章中分别讲述道歉的五种语言。在第七章中，我们还会详细讲述各种方法，来帮助你发现自己向他人道歉的主要语言，学习运用它们来使你的道歉更高效。

一段爱的关系，必然会涉及一次又一次地向对方道歉。一段真实美好的关系，也一定会有做错了需要道歉、被对方原谅的时候。爱的关系也必然面临一次又一次的重建，当我们得罪他人时，我们需要学会使用正确的道歉的语言。

/ 第 一 章 /
道歉是一种纠错机制

> 讨论:
>
> 请与配偶或好友一起讨论,或作进一步的反思:
>
> 作者指出:"每个人都具有道德性。"你是否同意?
>
> 分享一件你听说过或亲身经历的事情,说明人们都具有一种"惊人的能力,可以原谅别人"。
>
> 当我们学会如何正确地道歉,给身边的人带来美好的影响时,这些人往往是我们最关心的人。你觉得哪些人会成为正确道歉最大的受益者?

/第二章/

道歉语言之一：表达悔意

"对不起！"

/ 第二章 /
道歉语言之一：表达悔意

如果有人在小时候受过欺凌，或者看到自己的孩子受人欺负，都会知道一件事，那就是这种伤害是很深的，在受害者心中久久挥之不去。因此，我们也在很多地方开设了相关的课程，以帮助这些人摆脱心理阴影。近期，在路易斯安那州拉斐特的一所小学里，我们开办了学习班。在学习的过程中，我们遇到一位名叫柯亚娜·马蒂斯的女孩，她今年7岁。她向我们承认，她会欺负同班同学。柯亚娜的奶奶去世了，她一直都没有从奶奶过世的悲伤中摆脱出来，她觉得，自己应把这种痛苦发泄在别人身上。经过阿什·里昂老师的帮助和鼓励，柯亚娜邀请了自己的两位朋友上台，当着大家的面向她们道歉，请她们原谅自己，并表示希望做点什么以弥补朋友们。经过这样的道歉，几个女孩子与她握手言和，愿意继续和她做朋友。

经过这样的学习，柯亚娜告诉我们："我觉得好过多了，心情也不再那么沮丧了。"而她8岁的好友那娃昂娜·阿尔弗雷德对此也很感激，她告诉我们，自己在受到欺负的时候心里特别难过，恨不得也去欺负别人。如今她表示："希望我们大家永远都可以做朋友。"①

多年前,我(盖瑞)看过一档电视节目,著名的军事家及作家奥利维娅·诺思受邀在节目中接受访谈。他认为,在对越战争期间,简·方达的行为构成了"叛国罪"。听到他的言论,节目主持人亚伦·科尔姆斯说:"但是她为自己的行为道歉了。"诺思回答说:"没有啊,她根本没有道歉!"

科尔姆斯进一步辩解道:"她说了'对不起'的。"

诺思反驳道:"那可不算是道歉,她没有说'你们愿意原谅我吗?'光说一句'对不起',那不算道歉!"

在这里,抛开双方的政治观点不谈,奥利维娅·诺思和亚伦·科尔姆斯两个人很明显对于道歉有着不同的看法。也许他们两个人该听听柯亚娜和那娃昂娜的故事,说不定会受到启发。

道歉的第一步

2013年,著名的自行车运动员兰斯·阿姆斯特朗(Lance Armstrong)接受了奥普拉(Oprah)的采访,他承认自己在运动生涯中服用了兴奋剂,他还承认为了掩盖事实,自己曾向公

---

[1] Amanda McElfresh, "Anti-bullying program brings students together," *theadvertiser.com*, December 14, 2012. http://www.theadvertiser.com/article/20121214/NEWS01/212140323/Anti-bullying-program-brings-students-together.

第二章
道歉语言之一：表达悔意

众说谎，也曾诬告别人。阿姆斯特朗对媒体和公众所发出的道歉是否可以帮他挽回颜面，也许只有时间可以给我们答案了。

当一个人做错了事，说一句简单的"对不起"就够了吗？

事情往往没有那么简单，但这句简单的"对不起"至少为我们奠定了基础，它是激发我们作出道歉的第一步：**表达悔意**。这是我们向他人道歉时的情感部分。做错了事的人，需要向对方表达自己的愧疚和痛苦，因为他已经意识到自己深深地伤害了对方。罗勃·傅刚在他的著作《我在幼儿园里学会了人生的所有智慧》中也指出："伤害了别人，要说对不起。"[1] 他认为，表达悔意是一段良好的关系不可或缺的重要因素。

悔意是在追悔中产生的。我们为自己带给别人痛苦、失望和不便感到难过，为自己辜负了对方的信任而后悔。后悔的重点在于，你做了或没做什么事以及这事给别人造成了什么影响。遭受了伤害的一方正在经历痛苦，他希望你也可以体会到他的一些痛苦，他想看到一些证据，证明你认识到你深深地伤害了他。对一些人来说，这是他们在面对道歉时唯一愿意听的内容。如果感受不到你的悔意，他们也感受不到你的真诚和歉意。

---

[1] Robert Fulghum, *All I Really Need to Know I Learned in Kindergarten* (New York: Ballantine, 1986). 4.

说出那句带着神奇力量的话

当我们想要与人重修旧好时，一句简单的"对不起"将会大有帮助。相反，缺少道歉会令一些人无法忍受。冒犯人的一方可能没有意识到，他们没有说那句"带着神奇力量的话"——"对不起"，可另一方却竖起耳朵等着听呢！

让我（詹妮弗）告诉你一件事。去年春天，我和一群女性因为领导一个小组而荣获了年终奖，我从一个销售顾问提供的单子上面选好了奖品后，便热切地期盼着奖品的到来。可是，整个夏天都过去了，我的奖品杳无音信。这个时候，我禁不住想："我选的奖品在哪里呀？"到了年底，我不得不告诉自己：压根儿就不会有东西寄过来了。事情发展到这一步，我也不想向任何人追究了。接下来我告诉自己，我享受所做的工作，还是别想这件事了，不是有一句话说"来得容易，去得也快"吗？

到了第二年春天，我突然收到那个销售顾问发来的一条语音信息，她说她在收拾东西的时候发现了我的订单，会重新安排把东西寄给我。我听了心里也很高兴，觉得我的奖品失而复得了。但与此同时，我心中有一种说不出来的不快。我把她的留言又听了一遍，终于发现我心中的不快是从哪里来的：这个人没有为自己的过失向我道歉，甚至没有表达出一丝一毫的悔意。当然，如果她说句"对不起"这样的话，我会很快接受她的道歉。

/ 第 二 章 /
道歉语言之一：表达悔意

这件事情促使我认真思考，是不是我自己也时常如此，只关注眼下要解决的问题，并没有看到自己在其中要负的责任，没有表达自己的愧疚。而在那种时候，向对方说句"对不起"或"我很抱歉"，是会让一切都变得不同的。

"他要知道他是怎么伤害到我的"

我相信，很多人都能够理解詹妮弗所经历的事情。住在明尼苏达州杜鲁斯市的凯伦，与丈夫吉姆结婚都27年了，面对我的问题："要是吉姆得罪了你，你希望听到什么样的道歉？"她立即回答说："首先，他要知道他是怎么伤害到我的，原因是什么，我希望他能从我的角度看待问题，我期待听到他说：'我向你道歉，真的很对不起！'"

"如果他能解释一下自己的行为到底怎么伤害到了我，我会比较满意，这至少说明他确实明白了。要是事情真的很糟糕，我希望他为他给我带来痛苦而感到难过。"她继续说。

我禁不住问："什么情况才算是真的很糟糕呢？"

"就像有一次，他背着我跟办公室里的女同事共进午餐，我是从朋友那儿听说的，那件事情真的让我很受伤。我想，要是他敢为自己的行为辩解一句话，我就永远都不会原谅他了。其实，我丈夫不是那种动不动就请女人吃饭的人，我心里也感觉到他有点喜欢那女人，要不然他也做不出这样的事来。他向我承认，我的猜测没错，他向我表示非常抱歉，他说换作是我这么做（我绝不会和别的男人去约会），他绝对会非常受伤。他说自己特别后悔，真希望自己没做出这样的事。他说的时候都流眼泪了，我知道他是真诚的。"对凯伦来说，丈夫发自肺腑的道歉是具有真诚的悔意的。

你的身体想表达什么

如果我们期望被冒犯的人能够感受到我们的真诚，那么，我们的肢体语言也应该配合我们所说的话，这是很重要的。就如上面所提到的，吉姆的眼泪向凯伦表明了他的诚意。我还遇到过一位妻子告诉我："我丈夫有没有诚意，我一眼就能看出来，如果他变得很安静，言谈举止也小心翼翼的，向我道歉的时候低垂着头，轻声细语地，这些迹象都表明他很难过，那我就知道他是真心道歉了。"

罗伯特与凯迪结婚 7 年了，我问罗伯特："你如何确定凯迪是真心道歉的呢？"罗伯特告诉我："通过眼神交流。如果她说'对不起'的时候眼睛注视着我，我就知道她是真心的。要是她从我身边走过，随随便便说句'对不起'，我就知道她没有诚意。当然，要是她说完了抱歉，再加上一个拥抱，献上一个吻，我就能肯定她是真心的了。"

罗伯特的话说出了一个事实：有时候，我们的身体语言比我们的话语本身更加诚实,尤其是当我们口是心非的时候,我们的行为便会暴露我们的心思。举个例子来说,有一次,一位妻子告诉我:"有时候我丈夫对我大吼大叫:'我不是说过道歉的话了吗?'边说还边瞪起眼珠子,双手发抖,好像他在努力让我原谅他。在我看来,他一心只想赶紧结束这一切,忘掉这件不愉快的事,而不是真心想道歉。对他来说,我的难过和受伤都不重要,反而是接着过日子比较重要。"

你该为什么道歉呢

一个有效的道歉需要有内容,越具体越好。卢安对此深有体会:"我希望向我道歉的人对我说'我错了,是因为我做了……',然后讲清楚具体是因为什么事情而感到抱歉。"一个有具体内容的道歉,表明这个人已经知道自己对对方的伤害有多深,也会把关注的焦点放到自己的行为以及这种行为是如何影响、伤害了他人上面。

当我们向对方解释的时候,内容越详细效果越好。举个例子来说,如果我(詹妮弗)跟人约好了一起去看电影,结果我没按时去,我就不能简单地说一句:"抱歉呀,我没能去看电影!"而是要向对方详细地解释,说清楚我迟到的行为到底是在哪些方面影响到了对方。比方说,我可以这样解释:"我知道你丢下了自己手头的事情,准点就出门了,在这个大堵车的点儿,你想方设法地赶过来,结果却半天也等不到我,还要担心我有没有出事。我知道你想好好地看场电影，结果可能被我害得没看到开头，观影心情也很糟糕。要是有谁这样对我，我肯定要气死了。所以，你完全有理由对我生气、失望、向我发脾气，也完全有理由觉得自己很受伤。我真心地希望你知道，我知道自己错了，是我太不负责任了，我想真心地向你道歉！"

我提到了这么多的细节，体现了我对自己行为所造成的恶果已经有了充分的认识，对我带给朋友的诸多伤害，也已经深刻检讨了。

怎么才算是道歉呢

真诚的道歉是不附带任何条件的，道歉的人也不会为自己开脱。罗德尼再婚已经3年了，他告诉我："我太太的道歉是真心的，她会说：'我知道我对你大喊大叫伤害了你。'之后她不会再继续指责是我先惹她发火的。可我前妻就不一样了，她总是把所有的事都怪到我头上。"

在我们的调查研究中，听很多人说过类似的话："她是道歉了，可每次都话锋一转，把矛头指向我，说都是因为我先做了什么，才惹得她那么做的。"

布伦达清楚地记得她丈夫一次失败的道歉。在来参加我们婚姻研习班的前一个晚上，她丈夫要去参加合作伙伴50岁的生日聚会，他把布伦达和4个孩子留在了家中。因为布伦达丈

第二章
道歉语言之一：表达悔意

夫平常的上班时间是朝十晚六，所以在布伦达心中，晚上一家人的相处时光是非常宝贵的。

"我已经生气了，他还是非要走，说一个小时内准回来。"布伦达回想着对我们说，"两小时之后，全家人都已经上床了，他才进家门。虽然他也道了歉，可他又转过头来说我也表现不好，像个不懂事的孩子，还说自己有权利外出。"

"所以不管他说什么道歉的话都没用，因为他是在贬低我。虽然在他回家之前我也祈祷，希望他进家门的时候，我的脸色不会太难看，可是我根本无法平息自己的怒气。"

任何时候，只要我们出言把责任推给对方，我们的道歉瞬间就演变成了一场攻击，这样做怎么能实现饶恕与和解呢？

梅根今年29岁了，单身，目前有一名交往了3年的男友。梅根对我们说："他只要是道歉后再给自己找理由，那前面的话就算全白说了。我所需要的是，他只要坦白地承认，不管是有意还是无意，他伤害了我或者让我失望了，别的什么都别再说了。"

胡安妮塔与贾思敏两个姐妹常发生争执，她们俩都很想与对方关系更好一些，可似乎都不知如何去做。有一次，我问贾思敏："胡安妮塔发完脾气之后，会来跟你道歉吗？"贾思敏回答我："道歉是会有的，只不过道歉后，她马上会说类似这样的话：'我只希望你别再贬低我了，我知道我的学习成绩不如你，但你也不能把我当成垃圾对待吧！'你说说看，这算什么道歉啊？这不等于说错全在我身上吗？"

真诚的道歉并不是要操纵对方

必须强调的是，真诚的道歉不应期待对方投桃报李。娜塔莉和荣恩交往有两年了，其间不乏困难重重的时候。娜塔莉曾告诉我："荣恩是会道歉的，不过他总期待我也向他道歉，哪怕我根本没觉得自己有错，也没觉得我需要向他道歉，事情明明是他挑起来的，为什么要我向他道歉呀？对我而言，他自己道歉就好了，别期待我作出什么回报，这样，他才有个真心道歉的样子。"

很多时候，我们伤害了别人却没意识到，虽然这伤害绝不是有意的，但是，一段好的关系，就算是出于无意也需要作出道歉。打比方说，电梯门打开的时候，我和出来的人撞了个满怀，我会赶紧道歉："哎呀，对不起啊！"我道歉，不是因为我有意要撞他一下，而是我可以体会到他被撞了会受到惊吓并有些恼怒的心情。这个原则同样也适用于亲密关系，你可能无意中惹恼了配偶，当你搞清楚自己确实给对方造成了伤害时，你可以向对方道歉，说："对不住啊，我这么做给你带来了这么多痛苦，我并不想伤害你。"

当一个人感到愧疚的时候，他应该把注意力放在自己对对方的伤害行为上面，应该对对方所受的伤害表示理解。然而，如果我们缺乏道歉的诚意，就算是说了"对不起"，我们的行为也只是为了息事宁人，让对方别再提这件事。娜塔莉对此观点表示赞同，她告诉我们："刚结婚那阵子，我丈夫做了一些非常不好的事，一开始他根本不道歉，丝毫没有愧疚感。后来，实在是没办法了，才跟我说'对不起'，但那也只是为了让我闭嘴。他说这话的时候，神情跟说出来的话完全相反，好像在说：'快闭嘴！别再拿这事烦我！'他完全意识不到自己所做的有什么不对，也没有感觉到我受了很大的伤害。"

"你原谅我吧"

在这里，我们想推荐一种很好的方法，就是给对方写一封道歉信，来表达你的悔意。当我们把道歉的话写下来的时候，也许包含了更深的悔意，因为你的另一半或是朋友可以一遍又一遍地读这封信。在写信的时候，我们也可以细细地想一下，字斟句酌地真诚表达我们的歉意。我（詹妮弗）的辅导对象的丈夫写了一封道歉信给她，在获得她的允许之后，我把这封道歉信分享给大家：

亲爱的奥利维娅：

对不起，亲爱的，我今晚又回来得这么晚，而且没有第一时间通知你我会很晚才能回来。我可以想象得出，今晚孩子们又给你惹了多大的麻烦。说真心话，我多想飞回这里来，好给你搭把手。不管怎么说，我都应该按时回家，好让你在忙了一整天之后可以稍微喘口气儿，可我却什么都没能做到。下午六点半时，我的心都要碎了。今天，你在差一刻五点的时候就给我发了求助的短信，要我无论如何一定要按时下班，接下来你就眼巴巴地盼着我回来。你不知道我心里有多难过。我真后悔没早一点儿跟老板立下明确的界限，让他不至于总是找我加班，让你又苦苦挣扎了一个晚上。今后我一定会努力，让自己成为一个说话算数的丈夫。亲爱的，我想说，我错了，你原谅我吧！

　　带着深深的愧疚，真心爱着你的丈夫　杰姆

在该信的末尾，奥利维娅回复了"原谅"两个字，签上了日期。这封信让我们看到，杰姆所说的道歉的话，都说在了妻子的心坎儿上，充分表达了他的诚意，也重新赢回了妻子的芳心。

"对不起"的力量

我们来看看下面这些人是如何使用道歉的语言"表达悔意"的：

　　那天，我丈夫居然当着朋友的面说我太胖了还吃

/ 第二章 /
道歉语言之一：表达悔意

那么多，简直太伤人了！当天晚上，他终于意识到自己的错误，向我道歉，说这件事都怪他，让我经历了那么尴尬的一幕，他为自己说的那些蠢话而深深难过。我原谅他了，因为我觉得他是真诚的。

——玛丽莲，53岁
与第二任丈夫在一起生活了11年

谁要是得罪了我，我想要他发自内心地道歉，换句话说，我想要他为我的难过而难过。

——维基，26岁，单身

我丈夫回家太晚了，不过他愿意为此道歉。我说没事儿了，我可以理解你，但他还是说他很抱歉，因为他不想让我难过。这让我感觉很好！

——马莉娜，28岁，结婚两年

如果她是真心地道歉，她会表达自己后悔的感受，表示她明白我的感受，也会表现出一副因伤害了我很抱歉的样子。

——查尔斯，40岁，结婚20年

我希望感受到他们对自己的所作所为有愧疚感，并真心为此道歉。

——陶德，34岁，单身

对这些人来说，表达悔意的语言在道歉时是特别关键的一个环节，也有助于让他们所受的伤害得到缓解，从而恢复双方的关系。如果你想让这种类型的人感到你的诚意，就需要向他们说表达悔意的言辞，专注于他们的痛苦和你的行为，以及两者之间的关系。你要说出自己的行为伤害了他们，而你感受到了他们所受到的伤害。正是因为这种对对方痛苦的认同，激发起他们原谅你的意愿。

这里，我们总结出一些有效的话，可以帮助你表达自己的悔意。

表达悔意的话

> 我知道，你受到了深深的伤害，我感到非常难过，我真心地为自己的所作所为道歉。

> 让你失望了，我真的非常抱歉，我应该想得更周到一些的。让你如此难过，都是我的错。

> 我当时的想法真的有问题，我从没想过要伤害你，但现在我知道我说的那些话实在是太过分了，我怎么会如此麻木呢？对不起啊！

> 对不起，我辜负了你的信任，我亲手在我们的关系中设置了障碍。如今我多么想快点拆除它，可是我也知道，即使我道歉了，你还是需要时间来恢复，才

/ 第二章 /
道歉语言之一：表达悔意

能再度信任我。

真对不起，公司向您承诺了服务，却没有兑现，这次完全是我们失职。

> 讨论：
>
> 你的童年有没有类似本章开始的经历？在你的记忆里，有没有谁，你想要对他说"对不起"？
>
> 你有没有无意中伤害过别人？当你意识到伤害了某人，你会怎么做？大多数人都期待怎样的道歉？

/ 第三章 /

道歉语言之二：承认过错

"都是我的错！"

/ 第 三 章 /
道歉语言之二：承认过错

身为一名主管，拉里平时待人接物都是彬彬有礼的。但是有一天，他对一名员工大发雷霆，说了很多难听的话。虽说他对那人的批评都很有道理，而且那个家伙确实需要这样教训一下，不过说实话，拉里那天脾气发得太大了，话也说得太狠了。事后，拉里心里有点不太好受，但他还是对自己说："我又没说错，再说那家伙实在需要接受管教。他要知道我可不是好糊弄的人。"

简的记性真的令人担忧，总是记不住和别人的约会，如果约会刚好安排在周末，那简直就是一场灾难，因为周末她完全不会看自己的日程安排。这不，邻居们开会都开到一半了，她才到场。简脑海里飞快地想了一遍各种没记住开会时间的理由，其中最大的理由，要数自己刚刚结束了一趟全国旅行，她忘了哪一天开会，更忘了是几点开始。然而，简的邻居们认为她应该为自己再次迟到而道歉。

年轻的肖恩刚做完一个治疗，身体感到很痛。肖恩的妈妈在旁边走来走去，想让儿子好受一点儿，她一个劲儿地要他吃止痛药。肖恩心烦意乱，把好心的妈妈赶走了，虽然他心里也觉得自己这样做很不对，但他安慰自己说："**任何人在病中都会情绪不好，我妈妈应该会理解我的。**"

以上3个事例当中，拉里的刀子嘴、简让邻居们又一次的失望、肖恩对妈妈恶劣的态度，都使他们心头萦绕着愧疚，但是，他们也都不约而同地为自己找到借口，觉得不需要向对方道歉。

他们这样的决定损害了与对方的关系。一个小小的道歉可以带来完全不同的效果，只是，有勇气道歉意味着这个人愿意为自己的行为承担责任。

在生活中，为什么会有这么多人无法向人坦承"我错了"呢？很多时候，是受我们错误的自我价值观影响——如果我承认我错了，我就会被人视为弱者。在我们的观念里，**失败者才会认错，有能力的人都要为自己找理由，证明自己是对的。**

这种倾向自我辩护的种子往往是在童年时播下的。如果孩子只是犯了小小的错，就要不停地受到指责、惩罚或羞辱的话，他的自尊会严重受损，潜意识里会形成一种错误的情感模式：犯错就会失去自尊。因此对他来说，承认自己做错了，就等于默认自己是"不好的"。有这种情感模式的孩子，长大以后也无法面对和承认自己的错误，因为认错会打击他的自尊。

令人高兴的是，今天我们长大了，我们可以学习和理解这个有害的情感模式，不再受困其中，因为事实是世上没有完美的成年人。一个成熟的成年人，可以学习打破童年的有害模式，面对失败，承认错误。相反，不成熟的成年人永远都在为自己的错误找借口。

"都是它自己干的"

这种为自己洗白的行为通常把矛头指向对方。我们可能会承认自己的言行不是完美无瑕的，但我们的言行是由于别人不负责任的行为引起的。于是，大家都容易责怪别人，难以说出："我错了！"但这种责怪他人的行为很不成熟。儿童的天性是无法面对自己犯错这件事情，他们都会把责任推到别人身上。当年，我儿子只有6岁，他把桌上的一个玻璃杯打碎了。面对一地的玻璃碎片，他解释说："都是它自己干的！"直到今天，我和妻子在被责备做错了什么的时候，还爱开这个玩笑："都是它自己干的！"虽然我们都知道这是在开玩笑，不过，把责任推在"它"身上，实在比认在"自己"身上好太多了。

成熟的人学会了为自己的行为负责，而不成熟的人还停留在儿童的思维方式里面，要别人为自己的行为负责。

若我们想要成长为对自己的行为可以负责的人，首先需要学会承认"我错了"。成功激励公司的创始人保罗·麦尔（巨著《心灵鸡汤》的作者之一）曾说过："成功最重要的标志之一，在于有勇气承认自己的错误。"① 斯宾塞·约翰逊医生也曾说过:"一个优秀的人,一个具有常识的人,一个有智慧、有勇气的人,是一个能够承认错误并加以纠正的人。"② 学习说出"我错了"这三个字,是迈向有责任心的成功人士的重要一步。

站在台阶上的女士

丽思·安德鲁斯女士在自己的博客里分享了一则动人的故事。

> 我最小的儿子亚瑟今年10岁,他患有癫痫和脑瘫,平时行动都需要坐轮椅。昨天,亚瑟的校车来接他去上学,我丈夫急忙把亚瑟和他的轮椅抱上车,正在这时,有个年轻的姑娘居然开着车缓缓从他们身边经过。交通规则明文规定,社会车辆必须停车等行人和校车安全通过。她是明知故犯。这个人完全知道自己在做错事,因为她开车接近校车时,还偷偷瞄了一眼我丈夫,在他的注视下她仍未停车,开过路口走了。
>
> 我希望我能告诉你,这只是偶然事件,可惜的是,这样的事几乎每个月都会发生。这些人太忙了,忙到没有工夫停下来等一个残疾的孩子上下车。然而,接

---

① As quoted in Ken Blanchard and Margret McBride, *The One Minute Apology* (New York: Harper Collins, 2003). p.1.
② 同上.

第三章
道歉语言之二：承认过错

下来的情形完全不同寻常：

校车开走一个小时之后，有人敲门。正是那位姑娘，她浑身都在发抖。

"我为我所做的事道歉，这样做太不尊重您的儿子和家人了。"

我们都惊呆了。

"我当时实在是太着急了，眼见着就要迟到，我心里知道我应该停下来等的，所以我把车开得很慢，可我不应该一心只想着自己的事，我很抱歉！"

这位姑娘确实做得不对，说得严重一点儿，她其实是触犯了法律，不过，我从来没见过像她这么难过、充满愧疚的人。我都不敢想，她怎么会有这么大的勇气来敲我们家的门，来道歉。也许我们会大发雷霆，也许她这么做了还是会遭白眼……让我最受感动的是，她勇敢地承认了自己的错误，一点儿也没有为自己找任何借口。这样的事可不是天天都会发生的呀！

这位姑娘站在我们家门口，为自己所做的事痛苦得全身发抖，她需要听到自己得到了我们的原谅。

我丈夫连忙说："哇，真是太感谢你了，我们真心地感谢你，能够来做这么真诚的道歉。"

她听了，如释重负地笑了，虽然笑容显得有些疲惫，但满是感激。然后她再次道歉，就离开了。

经历了这件事情，我们全家都非常开心，每个人的心中又重新升起了对人性的盼望。①

"他是从来都不会犯错的"

在上面的故事里面，那位姑娘承认了自己的错误，由衷地表达了悔意。很多人想听到这句话："我错了，我愿意承认自己做错了这件事情。"这些话对真正和解双方关系是至关重要的。明白这个道理，会为我们带来莫大的帮助，使我们的道歉可以变得和过去不再一样。

乔伊和里奇结婚已经5年了，他们十分富裕。里奇大学毕业后就找到了很好的工作，乔伊头两年也都有工作，然后他们有了孩子，双方的亲戚都住在城里面，都愿意来帮忙看孩子。所以，小两口充分地享受了属于他们的二人世界。但是，在乔伊的心中，他们的生活却有着小小的瑕疵："没错，我们的生活过得样样都舒心，除了一件事——里奇永远都不肯向人道歉。在家里，事情只要是一不顺他的意，他立刻就对我大发雷霆，然后，他不仅不道歉，还要怪我，说是我惹他生了气，就好像他是从来都不会犯错的。"

---

① Reese Andrews, "An Unexpected Apology," *Reese Andrews Blog*, April 18, 2012. http://www.reeseandrews.com/unexpected-apology/.

第三章
道歉语言之二：承认过错

我转向里奇，他说："我为什么要为别人犯的错道歉呢？就算我发了脾气，那还不是因为她老是贬低我，把我说成不称职的父亲。我已经尽了最大的努力来陪孩子，可每个礼拜她都要不停地唠叨，说什么：'你儿子都快不认识你啦，你还不多花点时间陪陪他！'我每天工作很辛苦，回了家，都累得不行了，我也需要时间好好放松一下呀。我做不到进了家门，再和伊森玩两个小时。"

乔伊回答说："我从来没有要求过你花两个小时陪孩子，先陪15分钟就很好了。"

"这就是我要说的，"里奇说，"我要是陪15分钟的话，我向你保证，下周她就问你要25分钟，反正我做啥都没法让她满意。"

很明显，乔伊说出来的话伤了里奇的自尊心，他本来很想做一名好父亲，可妻子的话里带刺儿，让他觉得自己是个失败者。里奇可不想接受这个罪名，于是他就出口伤人，说些难听的话来表达自己的受伤和愤怒。事实上，乔伊和里奇，双方都应该向对方道歉。问题在于双方都觉得自己没有错，都不是故意想伤害对方的，然而他们心里也都知道自己做得不好，伤害了对方。

里奇的原生家庭

面对这样的僵局，我决定把两个人先分开，先单独辅导里奇。很快地，我就发现了事情的真相：为什么当妻子要他多花些时间和儿子伊森在一起时，里奇会感到困扰？原来是因为里奇自己就生长在一个父亲大部分时间不在家的家庭里面。里奇的父亲总是周日晚上离家，周五下午才会回来。周末的话，他的父亲也要去打高尔夫球或者看体育比赛，总之没有花时间关注自己的孩子。虽说到了高中，里奇也和父亲一起打过几次高尔夫球，也有过几次，父亲带着他一起去看橄榄球赛，可当里奇长大成人，离家外出读大学时，他觉得自己根本就不了解父亲。那个时候，里奇对自己发誓，说将来要是自己有了孩子，他绝不会这样对待孩子，他会想办法跟孩子在一起，他的儿子会知道父亲是多么爱他。

但是，为什么里奇对待妻子的态度如此恶劣呢？原来里奇的愤怒，反映了他看到的母亲如何对待父亲——对他恶语相向。里奇内心深深地感受到他母亲所承受的痛苦，并认为他母亲对待父亲的方式是合理的。他在不知不觉中继承了他母亲对待父亲的方式，在他看来，自己对乔伊说的那些刺耳但真实的话是有道理的，所以他没有必要承认错误。

经过一番探讨和努力，我帮助里奇认识到，在他生长的原生家庭中，他父母相处的模式并不健康。他自己也意识到了，自己父母的婚姻关系并不好，而他一直都期待拥有一段美满的婚姻，双方彼此相爱、互相关心、相互扶持着走完一生。在这种情况下，我告诉他，如果他不改变，继续沿袭父母相处的模

/ 第 三 章 /
道歉语言之二：承认过错

式，他心中的理想永远都只是空中楼阁。接下来，我又帮助他意识到，我们的行为模式虽然是可以理解的，但不等于说那就是对的和好的，也不等于说我们应该不加分辨地接受它们。如今，里奇已经**明白**了自己对待妻子的模式，也理解了这种模式是如何形成的，但要不要坚持这种模式，将决定他是否能够得到自己真正想要的——一段亲密美满的婚姻。

同意 / 不同意法则

接下来，我鼓励里奇尝试一种新的方法，这种方法帮助了很多夫妻，让他们在不断犯错的生活里仍可以过得非常快乐。我给这种方法取名叫作"同意 / 不同意法则"。一方面，我们**同意**自己有权感觉到受伤、愤怒、失望和受挫，以及任何可以感知的其他感觉，我无法选择自己的感觉，我只是正视和观察它们。另一方面，我**不同意**这种观点：因为我有这些感觉，我就有权利用语言或行为伤害别人。打个比方，如果我的配偶伤害了我，我就要以牙还牙吗？那不就等于在家里发动了内战吗？这可是一场谁也打不赢的战争啊。所以，我愿意尝试用一种新的、不伤害配偶的方式，来表达自己的感受，并为双方的和好留有余地。我和里奇共同商议了一些办法，并且把要对乔伊说的话都写了下来：

> 亲爱的，我真的非常爱你，我也同样爱着伊森。做一个好丈夫和好父亲是我一生最大的梦想。由于我

从小和父亲的关系并不亲密，而且我的家人间总是会发生冲突和争执，所以我非常渴望拥有一个和睦美满的家。可是现在我和亲爱的你的相处也遇到了困难，需要我们共同面对，一起想办法解决。我想和你分享一件非常困扰我的事情。你还记得吗？昨晚，你对我说："你儿子都快不认识你啦，你还不多花点时间陪陪他！"当我听到这些话时，我觉得你的话就像一把尖刀，插进了我的心里。说实话，我当时难过得不得不起身离开，跑到书房里哭了一通，因为你所说的，正是我心中最害怕发生的事情。所以，亲爱的，我想请你帮帮我，看看到底我要如何挤出时间来，既能够陪儿子，又能够工作赚够我们生活所需的花费，你看好不好？

我告诉里奇，乔伊看到这些话，一定会喜出望外的。他也非常期待。

不过，我也告诫里奇："以往我帮助过很多的夫妻，深知仅仅在家里实施一个新计划是远远不够的，过去的模式的力量很强大，很有可能的是，在接下来的几个星期里，如果乔伊忍不住抱怨了你几句，你还会用过去的方式，对她恶言相加的。我知道你不是成心要这么干的，只是你会本能地按过去的方式处理。如果发生了这种情况，你就需要向乔伊道歉，我相信你已经知道了，对妻子大喊大叫是不好的，是不温柔、没有爱心

第三章
道歉语言之二：承认过错

的行为，是吗？"里奇听了，点点头，回答我："是的，那样做不对！"

我对里奇说："冲着自己的妻子喊叫，那可绝对无法促成一桩美满的婚姻哟！"里奇又点点头。我接着告诉他："所以，如果发生了那样的事，你要学习对妻子说：'昨晚真是对不起啊，我又发脾气了。我对你大喊大叫，还说了那么多难听的话，我那样做是不对的，一点儿都不温柔，没有爱心，很不友善，我知道我深深地伤害了你，我不想伤害你，我真的错了，求你原谅我，好不好？我知道我错了！'"

里奇边听边把这些话记在他的手机里。我们一起祈祷里奇能开始一个全新的旅程。学习处理关于伤害与愤怒的问题，这对里奇来说非常艰难，但是我看到，里奇勇敢地打开了改变之门。

乔伊如何面对饶恕的难题

对乔伊的辅导遇到了更大的困难。乔伊不是不想要一段美满的婚姻，对她来说，痛苦和迷惑在于，她无法理解一个男人如果真的爱妻子，怎么可以对妻子如此大发雷霆？对她来说，这两者是矛盾的。所以，乔伊心中开始怀疑，里奇到底爱不爱她。

对乔伊的想法，我表示理解，同时，我也试图帮助她明白一件事情，就是世界上不存在完美的爱人。诚然，完全的爱是不会伤害自己所爱的人的，可是，没有人有能力给别人完全的爱，原因很简单——我们都不完美。所以我们需要坦承我们的过失，也向被我们伤害的人道歉。美满婚姻不是建立在双方必须完美无瑕的基础上，而是建立在愿意承认我们的错，并且努力寻求对方原谅的基础上的。

我看得出，乔伊明白我说的那些道理，但里奇那些骂人的话带给她的伤害实在是太大了，使她怎么都无法原谅丈夫。乔伊告诉我："而且，他从来就没有向我道过歉。"我同意她的观点，即道歉是饶恕与和好不可或缺的一部分。我问乔伊她觉得丈夫应该怎样做，才算是一个真诚的道歉。她告诉我："我要看到他是真心的，不想听一句简单的'对不起啊，我让你受伤了'之类敷衍的话，他需要知道自己那样做真的不对，真的太伤我的心了。他怎么能一走了之却从不道歉呢？他怎么可能不知道对别人大吼大叫有多不对呢？"

接着，我花了半个小时，向乔伊解释伤害与一个人的自尊之间的关系，告诉她里奇的原生家庭中父母之间是如何互动的，为什么当乔伊批评里奇不是一个好父亲的时候，对里奇会产生那么大的刺激和伤害。乔伊的话就像扔了一颗深水炸弹一样，是里奇的内心所无法承受的。因此，他本能的反应就是奋起反击，就像他小时候看到自己的母亲所做的那样。

我的这番话使乔伊变得很紧张，她问："从小生活在这种

/ 第三章 /
道歉语言之二：承认过错

家庭里面，他能改得了吗？"

我微笑着回答她："你这个问题问得好，这正是人很神奇的地方。一个人是可以发生改变的，特别是当我们愿意寻求帮助时，改变就可以发生。我相信，里奇是真心希望改变的，而且，他现在也开始探索自己的内心了。我也相信，你会看到在他的身上将会发生显著的变化。"

乔伊听了以后，松了一口气说："希望如此吧，我真的非常爱他，真希望我们之间能有美满的婚姻，我知道我们的关系确实是出了问题，希望还来得及补救。"

最后，我和乔伊讨论了一下，她要如何用积极的语言表达她关心里奇，让里奇多花点时间来陪孩子，而不会伤害到里奇的自尊心。我建议，乔伊可以向丈夫提一些具体的请求，这样就不太可能被当作是指责。一个建议或请求与命令性的要求是非常不同的。我和乔伊一起探讨了她可能向里奇提出哪些具体的请求，以下是我们列出来的一部分具体事项：

- 当我做饭的时候，你可以陪伊森玩滑梯吗？
- 晚饭后，我们一家3口可以出门去散步吗？
- 我给伊森倒洗澡水的时候，可以麻烦你给孩子读故事书吗？
- 你愿意陪伊森在沙坑里玩几分钟吗？

我发现，乔伊的注意力发生了转移，从原来对丈夫笼统的抱怨，到开始关注一些具体的请求。我抓住机会进一步劝她："一个星期你只能提一项要求，好吗？只要你看到他花时间在孩子的身上时，千万记得夸奖他，告诉他，他是最好的父亲，你为他感到骄傲！告诉他，你在做饭的时候，他可以陪孩子，你特别地感恩，千万别一副理所当然的样子。因为里奇真的想成为一名好父亲，如果你可以开口鼓励他，就会帮助他建立信心，还可以改善夫妻双方的关系，不断地为关系注入爱的联结。"

　　除了上述的三个阶段外，我还对里奇、乔伊夫妻进行了四次辅导。整个过程充满了惊喜，他们两人不断探索自己的内心，发现过往错误的情感模式，开始用不同的方式沟通和互动。当里奇偶尔对乔伊大吼大叫后，他学习向妻子道歉，说"我错了"。而在乔伊不小心发了火，指责丈夫做父亲的能力后，她也学会了向丈夫道歉，说："我错了，我不该如此伤害你！"

　　在辅导过程中，我们发现，里奇最接受的道歉语言是："对不起，我很后悔我做了这件事。"只要乔伊对丈夫说出这句话，里奇立刻就会打开心结，欣然原谅妻子。而乔伊最接受的道歉语言则是："都是我的错！"对她来说，如果里奇能够搞清楚他大叫大嚷、说话伤人是不对的，她就会感到心满意足。他们的婚姻关系因为正确的辅导，往前迈进了一大步，乔伊学会了向丈夫表达自己的懊悔，而里奇也变得勇敢起来，敢于为自己的错误行为负责、向妻子认错，双方都不再吝啬于向对方表达悔意。

/ 第三章 /
道歉语言之二：承认过错

"我错了"的力量

对很多人来说，道歉最重要的部分，就是能够听到对方承认自己做错了。生活在西雅图的琳达告诉我说："我丈夫从来不肯承认自己有一丝一毫的错误，他总是把事情捂住，从此不再提起。如果我提起，他会说：'我想不起来我都做了什么，难道你就不能忘记这件事情吗？'只要他愿意承认自己的错，我愿意原谅他，可他那么一副什么也没做错的样子，弄得我实在是没有办法接受。"

泪水涌上她的眼眶，她接着说："哪怕他能有一次对我说：'我错了'，我也知足了。"

艾丽莎今年27岁，在成长过程中，父亲曾教导她说："一个聪明的人，是愿意勇敢地承认自己犯了错的人。谁都免不了会犯错，犯错并没有什么大不了的，但是，只有一种错误是致命的，那就是犯了错还不愿意承认。"艾丽莎永远都忘不了父亲说的这些话。

艾丽莎接着说："我记得小时候，每当我做错了事，违反了规矩，父亲都会看着我的眼睛，问我：'你有话要告诉我吗？'看着他的笑脸，我都会说：'我犯了一个错，我做错了，爸爸，你可以原谅我吗？'父亲每次都会给我一个拥抱，然后告诉我：'我原谅你了。'"

"认错成了我的自然反应，我应该为此感谢父亲。"

5年前，艾丽莎与罗博喜结良缘。艾丽莎这样描述自己的丈夫："罗博是我遇到过的世界上最真诚的男人，这不是说他是个完美的人，我的意思是，他总是愿意承认自己的过错。

"我想这正是我爱上罗博的原因吧，他总是愿意对我说：'我犯了一个错，都是我不对，你愿意原谅我吗？'我喜欢勇于承认错误、承担责任的人。"

沃克是一位24岁的单身汉，他从小到大从未看到父亲向母亲和自己道歉。18岁时，他离家出走，自此再也没有回过家。

沃克对我说："我认为我的父亲非常虚伪，尽管在社区里面，大家都视他为一名成功人士，但在我的心里，他就是一个伪君子。也许正因为吸取了他的教训，我愿意马上向对方道歉，承认我没有做好，我希望和人建立一种真实的关系。我知道如果我不肯认错，这个愿望就永远都不可能实现。"

有不少人和沃克的感受是一样的。如果你希望对方感受到道歉的诚意，可以使用下面这些话。

表达愿意负责的话

> 我知道我错了，也许我可以为自己找各种各样的借口，但事实上没有借口。简单地说，我那样做就是出于自私，是我错了。

第三章
道歉语言之二：承认过错

我犯了一个大错！那时我没多想，就那么做了。可是后来我仔细地想了想，我不慎重就是不对，我真希望自己当时可以三思而后行。对不起，真的是我的错。

对不起，我不该那样对你说话，我发了那么大的脾气，想证明自己是对的。我对你说话的方式太不友好了，没有爱心，求你原谅我吧。

对不起，我们都讨论过这个问题了，可是我又犯错了。我真的是太糊涂了，我知道这都是我的错。

讨论：

举出几个你所听过最匪夷所思的借口，并谈谈你的看法：为什么人们很难承认自己的过错？

本章讨论了一个非常常见的问题，即"如果我认错，我就会被视为一个弱者"。当你承认过错的时候，你感受如何？

有时，你觉得自己明明并没有犯错，但别人却觉得你应该道歉，你还记得这样的事情吗？你是如何应对的？

/ 第四章 /

道歉语言之三：弥补过失

"我可以做什么？"

/ 第四章 /
道歉语言之三：弥补过失

下面我要讲一个故事。我们在圣诞节前的报纸上、电视上都有可能会看到这样温馨的故事。这一故事发生在俄亥俄州的扬斯敦，一个小偷偷了救世军的红水壶及壶里的钱。显然，这家伙身穿印有救世军标识的外套，趁募捐的义工休息的空当，把水壶和钱都拿走了。

本来这是一个"屋漏偏逢连夜雨"的悲惨故事，但结果却是"柳暗花明又一村"。两天之后，救世军办公室居然收到了一笔130美元的匿名捐款，上面还附了一张纸条，写着："这是我偷走的钱，另外我还加入了一点儿钱，请帮忙再买一个新的水壶和新的铃铛……请原谅我吧。"[1]

这个始终没有露面的小偷不仅道了歉，还作出了赔偿，用实际行动努力纠正自己的错误。

与此相反，在科罗拉多州的奥罗拉，一个曾发生了枪击案的影院，在重新营业之际，向枪击案的受害者免费提供院线的门票，意在"作出适当的补偿"，此行为却带给受害者家属很

---

[1] Associated Press, "Thief returns cash from Ohio kettle with apology," *NPR*, December 6, 2012. http://www.npr.org/templates/story/story.php?storyId=166649892.

大的伤害。在写给院线的信件里,受害者家属指责影院"无视我们的痛苦"。卡伦和汤姆·特维斯夫妇的儿子亚历山大在枪击案中不幸遇害,他们说,如果"喜满客"愿意从其利润中抽取一部分,作为对受害者及其家属的赔偿金会更合宜。卡伦难过地说:"我们已经失去了一切,怎么可能有心情去案发现场观影呢?"[1]

从我们的司法系统到家庭关系,用"把事情做对"来弥补错误的观念已经深入人心。如在家庭里,苏菲的弟弟雅各偷了她心爱的玩具,爸爸妈妈会让弟弟把玩具还给苏菲。而在司法系统里小偷偷了人家的东西,法官会命令他以某种方式偿还受害者。罪犯不仅仅要去蹲监狱,他也必须努力补偿受害者的损失。

"我希望他能想办法修复出了问题的地方"

在《新韦伯斯特词典》里面,对"**补偿**"一词的定义是"归还给合法所有人的行为",或者是"将某物作为对已丢失或损坏物品的等价物给予兑付"。对于向人道歉的时候也涉及补偿或赔偿的问题,安迪·斯坦利在他的著作《人无完人,如何善得其所》一书里面写道:"如果我愿意做一些事情来弥补我给

---

[1] Ryan Parker, "Victims' families of Aurora theater shooting protest remembrance event," *Denver Post*, January 2, 2013. http://www.denverpost.com/breakingnews/ci_22297268/aurora-theater-victims-families-plan-boycott-theater-reopening.

/ 第四章 /
道歉语言之三：弥补过失

你造成的痛苦，这证明我的道歉是有诚意的。"[1]

弗吉尼亚联合大学心理学教授、研究饶恕行为的领军人物伊瑞特·华丁顿说，这种赔偿行为称为"均衡"。

> 均衡是对受害方所遭受到的损失的一种弥补，提供赔偿是为了司法平衡。任何一种伤害和冒犯都会对受害方造成某种程度的损失，也许他的自尊心和自信心受到伤害，也许是一种实际的利益损失（例如我在你的老板面前冒犯了你，导致你失去了升职的机会）。因此，冒犯者愿意提供赔偿，是一种友善的行为。[2]

对有些人来说，提供赔偿或补偿是向他们道歉时最有效的道歉语言之一。如果你去向他们道歉，说"我真的不应该那样对待你"，你必须再加上一句："我真的很在乎你，我能为你做点什么吗？"如果缺少了后面这个赔偿或补偿的行为，这些人会怀疑你道歉的诚意。即使你已经说过"对不起，我错了"，他们仍然感觉不到你的诚意，他们期待你作出实际的赔偿或补偿，来打消他们的疑虑，知道你的诚意。

在我们的研究中，此类期待对方赔偿或补偿的案例很常见，人们时常会说：

---

[1] Andy Stanley, *Since Nobody's Perfect...How Good Is Good Enough?* (Sisters, Oreg.: Multnomah, 2003). p.72.
[2] Everett L. Worthington Jr., *Forgiving and Reconciling* (Downers Grove, Ill.: InterVarsity, 2003), p.205.

我希望他能想办法修复出了问题的地方。

我希望她真心认识到自己的错误,并想办法把事情重新做好。

我希望他赔偿我的损失,而不是简单地说一句"对不起"就草草了事。

既然人们如此期待获得赔偿或补偿,接下来就该解决"如何有效地进行赔偿或补偿"这个问题了。由于赔偿或补偿的目的是要让配偶或家人确认你真的爱他,那么,你就需要了解对方的爱的语言,按照他的爱的语言表达你的爱意。

了解五种爱的语言

我做了35年的婚姻及家庭辅导员,我确信,从根本上说,有五种爱的语言,每个人会以其中一种为自己的主要语言。如果你使用了对方的主要的爱的语言,他会对你的爱感到放心,你的赔偿或补偿行为也容易成功。相反,如果你没有使用他的主要语言,即使你已经尽了最大的努力,诚心诚意地向对方道歉了,结果也会令人担忧。因此,我在这里简要回顾一下这五种爱的语言[1],并以我的研究案例来说明,如何有效地运用对方的主要的爱的语言达成你赔偿或补偿的愿望。

---

[1] 盖瑞·查普曼著. 爱的五种语言 [M]. 杜霞,译. 北京:中国社会出版社,2023;盖瑞·查普曼著. 单身爱之语 [M]. 柯美玲,译. 南昌:江西人民出版社,2007.

/ 第四章 /
道歉语言之三：弥补过失

肯定的言语

第一种爱的语言是**肯定的言语**——使用话语来肯定对方。你可以说："哇，你穿这件外套美极了！"或者说："真的太感谢你了，你为我做了这么多！""你真是细致周到的人啊！""你对我这么好，让我每天都很幸福，也让我更爱你！""这顿饭太好吃了！你真不愧是大厨！我想你一定花了不少时间和精力来准备，真的非常感谢！"我们可以把话题引到对方的性格、行为、衣着打扮、成就或容貌上面，具体地表达我们的欣赏之情。在使用肯定的言语时，最重要的是，我们要真实地表达对对方的欣赏和喜爱。

在下面的几个例子中，当事人配偶的主要的爱的语言是肯定的言语。我们来看看他们是如何使用肯定的言语，成功地向配偶作出道歉和补偿的。

今年 29 岁的凯特与布莱特结婚 6 年了，她说："布莱特的道歉是真心的，为了收回自己说过的那些难听的话，他会不停地告诉我他有多爱我，有时候他甚至会走向另一个极端，他会说我实在是太好了，说伤害了我让他感到多么抱歉。我想，他确实是明白了一个道理，那就是如果一个人对别人说过难听的话，他就需要用很多好话来弥补。"

在一次婚姻学习课程班上，我遇到了蒂姆，当我们聊到道歉的事情，蒂姆对自己的妻子赞不绝口："我妻子向我道歉每次都很有效,在我眼中,她确实是个道歉高手!"

我一听这话,马上来了兴趣,请他跟我讲一讲。他说:"我妻子一般会说:'蒂姆,对不起啊,你都那么好了,我竟然还伤害你,我真是太对不起你了!你可以原谅我吗?'然后她会拥抱我,她这一招在我身上真是屡试不爽,特别是那一句'你都那么好了',让我的整个心都融化了。我每次都原谅了她,因为我知道她并没有骗我,再说,谁不犯错呢?我不奢望她是个完美的人。不过,当她一边求我原谅她,一边夸我多么好的时候,那感觉真的很好!"

对蒂姆来说,肯定的言语是他的主要的爱的语言,是别人向他道歉的时候,他最想听到的话,是他所需要的补偿。

服务的行动

第二种爱的语言是**服务的行动**,这种爱的语言正应了一句老话:"言传不如身教。"对这一类人来说,爱是体现在周到体贴的服务上面的。把家里的地毯吸一遍尘,给妻子的车加满油,给孩子换尿布,早晨为另一半送上一杯暖心的咖啡……都是服务的行动。

格温坐在我的办公室里,一脸沮丧地说起她的丈夫:"他那些道歉让我厌烦透了!'对不起,对不起,对不起。'他就只会说这三个字!难道这三个字可以让事情好起来吗?对不起,我不买账。他大喊大叫、叫着我的名字数落我的时候,只

第四章
道歉语言之三：弥补过失

说这三个字怎么能让我真心原谅他呢？"

格温接着说："我只想知道一件事情：他还爱我吗？还是不想要我们的家了？要是他爱我的话，怎么不做点家务来帮帮我呢？我不想和这样的人生活在一起了，我天天做饭洗碗忙个不停，他却动都不动地坐在那里看电视。我也在外面赚钱养家呀！他怎么能爱我而什么都不做呢？"

显然，格温的主要的爱的语言是服务的行动，她丈夫却没有使用她这个爱的语言，所以他的道歉根本打动不了她的心。格温弄不明白她的丈夫怎么可能爱她却不真心实意地道歉。

听了格温的遭遇，我跟她解释了爱的五种语言，并告诉她，也许她的丈夫对于她的爱的语言一无所知，她可能也对丈夫的爱的语言不明所以。3个月后，格温和她的丈夫马克发现了彼此爱的语言，也按照对方爱的语言来表达爱意，他们的婚姻终于重新回到正轨。马克终于明白：只是口头道歉是行不通的，他必须向妻子作出补偿，用服务的行动来表现对妻子的爱。虽然我和马克不是常常见面，但我只要见到他，他就会感谢我让他明白了爱和道歉的道理，用他自己的话来说："那可真是拯救了我的婚姻啊！"

每一次，我都会在婚姻课程的结业典礼上，邀请每对夫妇当中的丈夫，拉住他妻子的双手，看着妻子的眼睛，跟着我念这段话："我知道，我不是一个完美的丈夫，我希望你可以原谅我过去犯下的错。我真心渴望成为更好的丈夫，我想请你教我怎么做，才能成为更好的丈夫。"接下来我们会邀请所有的妻子，向她们的丈夫重复类似的话。但是有一次，我发现有一位女士无法按照我们的要求来做。后来，在我们的道歉调查问卷里，这位妻子透露，在她 13 年的婚姻生活里面，丈夫的道歉从来没有让她满意过。接着她也告诉我们："听完了你们的课程，我才第一次燃起了希望：也许他也可以真心地道歉吧！虽然在结业典礼上我无法对他说那些话，但是，当天晚上，他帮我照顾孩子，还帮我做了饭。我相信他正在发生改变，但愿他已经发现了我的爱的语言是服务的行动。"

她还告诉我们："他最终会不会继续改变，还要拭目以待。我知道，如果我能够感受到他真心爱我，我会愿意原谅过往的一切。最重要的是，我希望他爱我。"据此看来，这位丈夫的道歉能否成功，全在于他是否可以用妻子的爱的语言，让妻子重新相信他的爱，来弥补过去的伤害。

上面的原则在朋友之间也非常适用。下面我们来看看这个事例：本是一位又帅气又聪明的城市规划师，他和团队里的另一位规划师史蒂夫曾经发生过冲突。刚开始，本和史蒂夫发现彼此有很多共同语言，喜欢一起共进午餐，聊一聊共同的兴趣爱好，比如高尔夫球、政论话题。可是有一天，史蒂夫想跟本开一个玩笑，就趁着本不在的时候，冒充本，用本的办公室电脑向他们的 6 人工作团队发了一封邮件，邀请大家来本的家里参加新年晚宴，并且告诉大家："什么都不要带，只要带上自

第四章
道歉语言之三：弥补过失

己就好！"第二天，一位同事向本透露了这个恶作剧。结果本没有觉得好笑，他深感愤怒，觉得自己被朋友出卖了。

当本怒气冲冲地质问史蒂夫的时候，史蒂夫才愕然发现他的朋友一点儿都不觉得这个恶作剧好笑，于是真诚地向对方道歉。本没有马上接受史蒂夫的道歉，他要求史蒂夫尽快把误会向所有人澄清。在本的坚持下，史蒂夫重新给工作团队发了邮件，向大家解释和道歉。史蒂夫做出的弥补行动，让本看到了史蒂夫愿意为自己造成的错误负责，付出行动来解决问题。这为双方的友谊重建创造了机会，如果史蒂夫不愿意按照本的愿望去做的话，本很有可能认为他的道歉是没有诚意的，他们的友谊也很可能会就此而结束。

礼物

第三种爱的语言是**礼物**。礼物通常用来表达爱意。人类学家曾在全球做过调研，在全世界几百种的民族文化中，礼物都可以传递爱意。礼物自己会说话："他在想念我。看，他给我带来了什么！"

礼物并不需要非常贵，人们不是常说"重要的是有这份心意"吗？但是，心意只存留在心里也不行，你需要将这份心意转化为实际的行动——精心准备一个美好的礼物。

小孩子会从院子里面摘蒲公英，送给妈妈表达他的爱意，当然，可以不送蒲公英；夫妻之间也可以互赠鲜花表达爱情。即使你是成年人，也没有必要花一大笔钱来买礼物。如果你家院子里面没有种花，那没有关系，到邻居家看看，他们会送你一朵花的。

一些人的主要的爱的语言是**礼物**，所以，你要是得罪了这种人，你想真心道歉、极力弥补的话，就为他预备一份精心的礼物吧！送礼物是一种有效的补偿方法。

贝萨妮的丈夫就是一个会使用礼物来道歉的人。贝萨妮每次都觉得丈夫的道歉是出于真心的，因为丈夫了解她的爱的语言。"他犯了错是会道歉的。那天晚上，他回到家中，手上捧着一枝玫瑰花。我也不知是为什么，那玫瑰花仿佛在向我诉说：'他是真心的！'所以我就原谅了他。"

我问她："这些年来，你总共收到了多少枝玫瑰花呀？"

她回答我说："几十枝，每一次他都会送我一枝玫瑰花，对我来说，每一次的玫瑰花都好像在对我说，他依然爱着我。"对贝萨妮来说，礼物就是补偿。

苏珊的儿子得了白血病，经常住院。苏珊知道丈夫为此忧心忡忡，焦虑不安。她对我说："那段时间，我丈夫心中有很多的痛苦和愤怒，时不时地会发泄在我的身上，但我都没有介意，因为我理解他的难处。突然有一天，他手捧鲜花走进了病房，鲜花上插着一张道歉的卡片，我丈夫向我真诚地道歉，说

/ 第四章 /
道歉语言之三：弥补过失

他不该把压力发泄到我的身上。这是我们婚姻里最温馨美好的时刻之一。他的良心提醒了他，他的行为是在伤害他自己的妻子，他主动向我道歉。鲜花和道歉的卡片把爱意和悔意传递给了我，我知道他是真诚的。"

苏珊的丈夫不仅道歉，还使用了苏珊的爱的语言，借由礼物来弥补自己的过失。

精心的时刻

第四种爱的语言是**精心的时刻**。当一个人愿意给予对方自己全部的注意力时，他在向对方表达一件事情："你对我是如此的重要！"精心的时刻意味着关掉电视，把杂志和书都放到茶几上面，停止一边听对方说话一边付钱，也不要这边耳朵听着你说话，那边眼睛望着电脑屏幕。精心的时刻要求一个人把全部的注意力都放在对方的身上。如果我愿意给妻子20分钟精心的时刻，我是把自己生命的20分钟完全地、毫无保留地都献给她，她也会同样地回馈于我。精心的时刻是一种非常强而有力的爱的交流。

对有的人来说，精心的时刻正是他们主要的爱的语言，对他们而言，什么都比不上精心的时刻给他们带来更多爱的享受。这样的时刻也许都不需要刻意做什么活动，两个人可以只是简单地聊聊天，对于这样的人，我们就可以使用精心的时刻来表达爱意，弥补过错。

从圣路易斯来的玛丽和她丈夫参加了我们举办的婚姻研讨会。周日下午，会议结束后，她丈夫向她作了一次非常真诚的道歉。当时，她和丈夫一起共进午餐，两个人都感到很轻松，"突然，菲尔望着我，告诉我他有多么抱歉，自己这么多年来居然这样对待自己的妻子。在这些年间，他总是心情低落，到后来搞得我俩几乎不怎么说话了。"玛丽说。

玛丽接着说："他握着我的手，看着我的眼睛，感谢我安排了这样的学习。他说研讨会开阔了他的眼界，前5年的婚姻生活他都做得很差，忽略了身为丈夫的职责。从现在开始，他立志要成为一位称职的丈夫。"

"看着他眼中流露出的欢喜和悲伤，我相信他是真诚的。我简直不敢相信，我的丈夫居然肯腾出时间来和我倾吐心意，对过去一周所做的错事向我道歉。以前每次他向我道歉时，只是简单地说声'对不起'，就算完事儿了，就像往热狗上涂点番茄酱那么简单随便。这次可不一样了，我知道他是真诚的，也就爽快地原谅了他。"玛丽补充说。

菲尔就是使用了玛丽的爱的语言——精心的时刻来道歉的，显然达到了极好的效果。

使用精心的时刻道歉时，也许不需要握着对方的手，但是绝对需要把全部的注意力都给对方。如果你冒犯了爱的语言是精心的时刻的人，那么，只有精心的时刻才能让他相信你的道

/ 第四章 /
道歉语言之三：弥补过失

歉是出自真心的，在道歉的时候全神贯注就是补偿，这样做，对方会深深地感到自己是被爱的。

身体的接触

第五种爱的语言是**身体的接触**。我们已经知道，身体的接触可以带给人爱的力量，所以，我们都喜欢把婴儿抱在手上，拥在怀里。婴儿虽然不知道爱是什么，但他可以通过身体接触感受到爱。成年人也是如此。与人握手、亲吻、拥抱、搂着对方的肩膀、拍拍对方的背，或者用手抚摸对方的头发，这些动作都是通过身体的接触来向对方传达爱意。使用身体接触来表达爱，不仅用于夫妻之间，也可以广泛使用在家人之间，比如母子之间和父女之间。对有的人来说，身体接触是他的主要的爱的语言，在他身上，别的爱的语言都不如真实的触碰给他带来更深的爱的感受。所以，对他而言，如果一个人前来道歉，却不愿意接触对方的身体，会让对方怀疑他的诚意。

盖尔有个 10 岁大的儿子杰克，最近他们两个人之间发生了一次冲突。盛怒之下，盖尔指责儿子既懒又没有责任心。杰克控制不住自己，哭了。这时，盖尔才意识到他的话深深地伤害了杰克。

盖尔急忙对儿子说："杰克，我错了，我不该乱发脾气，我说得不对，你不是那样的，你不是又懒又不负责任，你只是个 10 岁大的孩子，你当然喜欢玩，喜欢享受生活。我不该那样说，不顾你的感受，打断你的游戏，要你做我希望你做的事情。我真的非常爱你，我伤害了你，我感到很难过！"

盖尔说完这些话，走过去一把抱住杰克，把他紧紧地搂在怀里。杰克在爸爸的怀里更加控制不住地抽泣着，但这次是带着极大的安慰感。盖尔等儿子慢慢平静下来，望着他的双眼，说："我真的很爱你啊，儿子！"杰克也对爸爸说："老爸，我也好爱你！"他一边说，一边抱住爸爸的脖子。

盖尔的道歉是有效的，因为他使用了儿子杰克的主要的爱的语言——身体接触，作了道歉的补偿。

贾德森与妻子结婚已满15年，在接受我们采访时，我们问他："若是你妻子惹你生气，你希望她如何道歉呢？"他回答："我希望她认识到自己所做的非常伤人，并且跟我说抱歉，求我原谅她，等我原谅了她之后，道歉仪式必须以她的一个拥抱来收场。"

对贾德森而言，他希望道歉的完整过程包含一个补偿，而他自己的主要的爱的语言是身体的接触，那是让他最能够感受被爱的方式。妻子拥抱了他，他会感觉到妻子弥补了她的过错。如果缺少了拥抱，整个道歉的过程就缺失了重要的一环，是不完整的。

还有一个以身体的接触来道歉的事例，这个事例发生在马蒂与丈夫之间。马蒂说："我丈夫当着孩子们的面对我说了一

/ 第四章 /
道歉语言之三：弥补过失

句伤人的话。我当时就反驳了他，可他不承认是他的错，还狡辩。过了几天，一家人坐在一起吃饭，他走到我身后，用双手抱住了我的肩膀，在 3 个孩子面前承认自己错了，并向我道了歉。他说，他希望向我和当时在场的孩子们道歉。他的道歉深得我心，原因有四个。第一，他认错了；第二，他的拥抱安慰了我的心；第三，他向所有当时在场的人公开道歉，这让我钦佩，也为孩子们做了很好的表率；第四, 通过这个道歉，恢复了我在家里的名誉。"这个例子向我们表明，道歉的话语固然重要，但是，丈夫那个饱含深情的拥抱给妻子"带来了安慰"，也让马蒂再次感受到丈夫对自己的爱。

如果一个人的主要的爱的语言是身体的接触，那么，我们在向这个人道歉时，就必须通过身体的接触来表达我们的心意，单单说道歉的话语是不够的，还要通过身体的接触来弥补错误。

补偿与恢复

补偿不仅仅是使用对方爱的语言去表达爱，可能还需要**补偿或修复**一些物品，比如修理一辆坏了的车，或者修复一块被划伤的手表。有时，受伤者的名誉遭受了损害，也需要得到恢复，例如上面的事例中，马蒂在孩子们面前的尊严受损，她的丈夫就需要当着孩子们的面为妻子恢复名誉。如果一个人真心想要道歉，那么，为自己的过失作些弥补，是非常自然的。

一个人若想作出真诚的道歉，就需要愿意为所犯的错误作出补偿，对所损害的东西作出修复，对对方表达真挚的情意，让他知道你是在乎他的。如果你搞不清楚自己该如何作出补偿或修复，可以参考下面的问题来向对方提问：

表达愿意作出补偿或修复的话

我可以做点什么，来弥补自己的过失呢？

对不起，我真的觉得自己深深地伤害了你，我觉得我应该做些什么来弥补我给你造成的伤害，你可以给我些建议吗？

我觉得就这么简单地说句"对不起"是不行的，我想为自己做错的事情作点弥补，你觉得我要怎么做才好呢？

我知道自己给你带来了不便，我可以花点时间来为你做点什么吗？

对不起，我损害了你的声誉，我要不要在大家面前为你作个公开的更正啊？

不好意思，我已经又一次食言了，这次要不要我把事情都写下来，以免又无法兑现呢？

/ 第四章 /

道歉语言之三：弥补过失

> 讨论：
>
> 你对法院判决赔付高额赔偿金有什么看法？在什么时候，你会觉得赔偿金太高了？
>
> 本章论述认为，人们希望自己所受的伤害可以得到补偿。在你的生活中有没有经历过此类情况？如果有，请分享一下你的感受，以及你需要对方给予哪种补偿。
>
> 使用对方的爱的语言，可以给补偿带来事半功倍的效果。在五种爱的语言中（肯定的言语、服务的行动、礼物、精心的时刻和身体的接触），你的主要的爱的语言是哪一种？为什么这是你的主要的爱的语言？

/ 第五章 /

道歉语言之四:真诚悔改

"我想改变!"

/ 第五章 /
道歉语言之四：真诚悔改

无论我们是在家里的餐桌旁一边喝咖啡一边翻阅报纸，还是在办公室的电脑上看新闻报道，我们都希望所看到的是真实发生的事情。想象一下，有一天，马萨诸塞州科德角的居民们打开《科德角时报》时，居然在报纸的头版看到了报社发布的道歉信，他们会有多么震惊！原来，一位资深记者编造了一则专题报道，而一位眼光敏锐的编辑产生了怀疑，搜集数据，联络相关方，很快发现了事实的真相：报道中的人物在现实生活中根本就不存在，所报道的事件也根本没有发生过。

对于这桩新闻界的丑闻，出版商坦诚地认错："我们怎么能让这样荒诞的事情发生呢？我们无法给大家一个满意的答复……我们必须从这件事里面吸取教训，并采取有效的措施，防止类似的事件再度发生。"然后他概述了要采取的措施的内容。[1]

无独有偶，夫妻之间也常常发生令人不快的事情，妻子们

---

[1] Peter Meyer and Paul Pronovost, "An apology to our readers," *Cape Cod Times*, December 4, 2012. http://www.capecodonline.com/apps/pbcs.dll/article?AID=/20121204/NEWS/121209902.

时常失望地发出这样的哀叹："年复一年，我们总是为同样的事情争吵。最让我恼火的，已经不再是错事本身，而是他总是重复同样的错。他道歉了，他保证不会再犯了，然后，他又做了同样的事！虽然都算不上什么大事，比如浴室的灯没有关，或者动不动乱发脾气。我不想听'对不起'，我想他别再做这样的事情来烦我，永远都不要再做了！"从这番话里可以看出，这位妻子希望丈夫真心悔改。

悔改这个词意味着"回转"，或者"改变心意"。可以理解为，一个人本来是向西走，可是不知为什么，突然一百八十度大转弯，向东走了。在道歉的语境中，悔改意味着一个人意识到自己的行为伤害了别人，他对自己给对方带来的伤害感到后悔，选择改变自己的行为。悔改不仅仅是说："对不起，我错了，我该怎么补偿你呢？"一个人如果悔改，会像那家报社那样说："我要想办法让这样的事情不再发生。"对于有的人来说，是悔改让他们相信道歉是出于真心的。正是过错方的悔改，才最终赢得受害方的原谅。

人要是不愿意悔改，说再多的话都是多余的，对方也不愿意听。受伤的一方想知道的是："你打算改变，还是下次犯下同样的错误？"

在我们的研究里，我们问了这样一个问题："你希望对方如何向你道歉？"受访者这样答复：

/ 第五章 /
道歉语言之四：真诚悔改

"拿出愿意改变的样子，下次做得不一样。"

"我希望他想出办法，不要让同样的事情反复发生。"

"我希望他拿出改进计划，不要一再失败，总要把事情做好才行。"

"我希望他不要才过了几分钟就又大发雷霆。"

从这些回答还有很多其他的研究里可以看到，对很多人来说，悔改是道歉的真正核心。

悔改始于内心

那么，我们怎样向对方表达悔改之意呢？这也是悔改第一步要解决的问题，即**先告诉对方你想改变的意愿**。真正的悔改始于内心。我们认识到做错了，那些错误行为伤害了我们所爱的人。我们不愿意继续这样了，所以我们决定寻求改变。接下来，我们可以把这个决定告诉被我们伤害的人，而这些渴望改变的决定也在向对方说明，我们不再为自己找借口，不再抱着一种大事化小、小事化了的心态了。相反，我们愿意为自己的行为负完全的责任。当我们向对方表达我们想要改变的想法时，是在向他们坦露心迹，让他们窥见我们的内心。这种做法通常能使对方相信，我们说的是真心话。

36岁的艾比告诉我，她的丈夫杰夫是一位道歉能手，我禁不住问她："你怎么知道他的道歉是出于真心的呢？"

艾比回答我："我觉得他很真诚，最让我开心的，是他告诉我他会努力避免再次犯错。对我而言，这才是最重要的。我不想只是听他道歉，我要看到改变，所以当他表明他想改变时，我总是愿意原谅他。"

40岁左右的吉姆告诉我："我希望对方来找我，我们坐下来好好聊聊，而不是打个电话就完事儿了。我要他们告诉我，他们错了，并且告诉我他们正着手改变，好让类似的事情不再发生。我不需要不会实现的承诺，他们可以实实在在地告诉我他们正在努力，哪怕是请我耐心地等待他们的改进。"

有些人可能会抵触以口头表达愿意改变的想法，因为他们担心自己的表达无法实现，无法做到对方想要的改变。有人曾忧心忡忡地跟我说："我害怕那么说了，会让事情变得更糟。"的确，我们必须承认，改变是需要时间的，在这个过程中，新的失败随时可能发生（我们会在本章的后面讨论这个问题）。但这些失败并不会使我们止步，真实的、积极的改变最终一定会发生。

更大的问题是："如果我无法用语言表达出我想要改变的意愿，怎么办呢？"你的哲学可能是："我努力改变就好了，不需要说出来。"这种做法的问题在于，受伤的一方并不了解你的心意，并不知道你已经决意要改变了。他也许要花上几个

第五章
道歉语言之四：真诚悔改

星期，甚至是几个月的时间才能看出你的变化。即使是看出来了，他可能也不知道促使你改变的缘由。相反地，如果你在道歉时就告诉他你愿意改变自己，他就知道你真正意识到自己做错了，而且你愿意改掉那种行为。这会使事情朝着更好的方向发展。

当然，你完全可以坦诚地跟对方交流，请他耐心地等候你的改变，因为你不可能一下子就变得毫无问题，但是可以告诉对方，你已经下决心着手改变，不再继续那种错误行为。对方知道了你的意图，感受到你的真诚，这样，即使真正的改变还没有发生，他现在也可以原谅你。

"道歉可以，改变？没门儿"

尼克天生喜欢跟人开玩笑，对任何事情都要发表一些自认为幽默的评论。可是很多时候，他讲的笑话很低俗。他的妻子特蕾莎时常被丈夫的玩笑搞得不开心，或者非常尴尬。但是尼克分辩道："嘿，那怎么算是下流话呢？大家都听得出来那就是句玩笑嘛，而且，大家都哈哈大笑了。"可是，特蕾莎怎么也笑不出来，慢慢地，尼克的玩笑变成了他们婚姻里的障碍。

面对妻子的不满，尼克愿意道歉："对不起，我惹你生气了。我不想伤害你。"但是他不愿意说："我错了，我今后不再这样开玩笑了。"

我约尼克到办公室来聊聊，他为自己辩解说："除了我的妻子，没有人觉得我的玩笑冒犯了她们。"但是，我们通过一个研究发现，很多人，特别是尼克办公室里的女同事，认为他的玩笑令人讨厌，她们只是没有主动向他兴师问罪而已。

几个星期之后，我把这个调查结果告诉了尼克，这一次他开始觉得问题没有自己想的那么简单。当然，我们也没有揪住这个结果来强求他悔改。其实，他的行为让妻子如此受伤，给两个人的感情蒙上了这么大的阴影，这应该足以促使他作出改变，然而，尼克一直拒绝悔改。直至尼克认识到，除非他作出改变，否则他的婚姻终将不保时，他才幡然悔悟，终于愿意改变了。

也许有人会认为，只有做了违反道德的错事才应该改变，这种观点并不对。在一桩幸福美满的婚姻中，我们常常会作出一些改变，这些改变与道德无关，而与构建和谐的婚姻密切相关。举例来说，用吸尘器清洁地板并不会让我感觉十分享受，但是我仍然经常给地板吸尘。因为我的妻子卡洛琳的主要的爱的语言是服务的行动，而我给地板吸尘是她感到非常被爱的一种"特殊语言"。

过去我对妻子的需求不敏感，当了解了她的爱的语言之后，我很后悔，下决心改变自己。给地板吸尘本身不是一个道德问题，然而，这是一个婚姻问题，会让我妻子感觉到自己被爱。我当然更愿意和一位内心被爱充满的妻子同住，所以，为了能

第五章
道歉语言之四：真诚悔改

和这个幸福的女人生活在一起，我的悔改只是一个小小的代价而已。

言外之举——真实的改变

悔改之路的第二步，需制订一个改变的计划。很多时候，我们因为缺乏积极改变的计划，导致道歉难以真正奏效，关系自然也得不到恢复。珍和汤姆结婚25年了，近期他们刚刚庆祝完结婚纪念日。不过，珍告诉我们，她和汤姆的婚姻面临着名存实亡的危机，她说："汤姆一直有酗酒的问题，酒醒之后他会为对待我的方式道歉，但是我们双方都心知肚明，他只是说说而已，在道歉那一刻，汤姆说的都是真心话，不过我们两个人也都知道，那些话背后没有任何承诺，他也没有想要改变的计划。"

也许汤姆住进戒酒中心，可以从根本上改变两个人的生活方式和婚姻。但到目前为止，汤姆一直不愿意制订一个改变的计划。

"我丈夫是个好人，我不愿意失去他"

我们到新奥尔良举办爱的五种语言的讲座，结束后我见到了瑞克和丽塔夫妇。先是瑞克说："我们的婚姻遇到了困难。"他告诉我：一年前，他读了《爱的五种语言》，发现自己的主要的爱的语言是身体的接触和精心的时刻。他把这个结果告诉了妻子，期待着妻子可以使用自己的爱的语言来让双方的关系更加亲密。

"那时候我真的觉得她不爱我，"瑞克说，丽塔站在他身边，"她把所有的时间都花在陪她妈妈和朋友上。在我看来，她嫁的是她妈妈和朋友，而不是我。她跟我道歉，说她不是有意要伤害我，她非常爱我，也答应使用我的爱的语言。可是，她说完就完事了，还是老样子，什么都没有改变，就像我从来没有跟她说过这些话一样。"

"到现在，过去整整一年了，我还是觉得她根本就不在乎我，也不在乎我们的婚姻。"

我看着瑞克身边的丽塔。她说："我真的很爱我丈夫，可是，从小到大，我家里人不爱外露地表达感情，很少彼此拥抱，我不习惯跟他有身体的接触。我喜欢跟他待在一起，只不过，我有全职工作，我妈妈又常常叫我回她家，而且我还喜欢每周花一个晚上的时间和闺密们待在一起，于是就没有时间陪他了。"

我问丽塔："你到底想不想要一个美满的婚姻呢？"

丽塔答道："当然想要啦！我丈夫是个好人，我不想失去他。"听了她的回答，我用接下来的 5 分钟为丽塔制订了一个计划，帮助她学会使用丈夫的主要的爱的语言——身体的接触来表达爱，并且我也想到了几个可行的点子，使她可以与丈

/ 第五章 /
道歉语言之四：真诚悔改

夫共享精心的时刻。我指导丽塔，让她在周一、周三和周五晚上花一刻钟时间和丈夫聊聊他们当天都是怎么过的，发生了什么事，等等。我告诉她要看《爱的五种语言》那本书，书上有不少关于如何共度精心的时刻的好点子，要求她认真阅读那个章节。

那次会面非常匆忙，我也很快就忘了这件事。直到6个月后，我收到了瑞克寄来的一封信。他在信中说："查普曼博士，我必须感谢您，您那次来新奥尔良办讲座，还与我和丽塔单独见面。之后，一切都不一样了，丽塔认真听从了您的指导。现在，她已经学会了我的爱的语言，我现在是世界上最幸福的人了。我想要赶快把这个好消息告诉您，是您让我们的婚姻变得不再一样了。"我非常高兴，这一切的发生，是因为丽塔有了计划以后立刻开始执行，为他们的婚姻带来了喜人的变化。她很早就有满足瑞克需求的愿望，但是直到她实施了改变的计划，这个愿望才变成了现实。所以说，我们的计划不一定非得事无巨细，但是需要有具体的内容。

"我真害怕自己会为了孩子，而与他的父亲对抗"

有时候，受害方可以帮我们想出一些可行的计划。前不久，我（詹妮弗）和一群女士谈起道歉的话题，几个星期之后，我接到了其中一位女士卡拉的电话。卡拉告诉我："我丈夫查德是一位非常优秀的父亲，但每个人身上都有缺点，他也一样。

有一天晚上，我们4岁的儿子把查德惹毛了，他当时大发雷霆。儿子那天也不知怎么了，他的行为全踩在了查德的'雷区'，我丈夫当时虽然没有对儿子造成身体上的伤害，但是他的暴怒把孩子吓得不轻。我非常难过，对他说，如果他下次再这样对孩子发火，我就离开他。"

卡拉与丈夫曾有过协议，那就是无论发生什么事，谁都不许提离开的话。但如今卡拉实在无法平息心中的焦躁和不安，无法对丈夫的行为不介意。她对我说："我真害怕自己会为了孩子，而与他的父亲对抗！"

卡拉接着说："我跟查德说，'你要向我道歉'。他就对我说了'对不起'，但他接下来就开始数落儿子，说儿子如何把他气昏了头。我需要的是他认识到自己的错误，他是个成年人了，需要学会管理自己的情绪，需要认识到他的行为把我和儿子吓坏了。"卡拉意识到，必须有一个可以执行的计划，"以防止此类事情继续发生。"

于是卡拉和丈夫商订了一个计划。查德第二天早上向妻子道了歉。卡拉告诉我："他非常真诚地道歉，我感动得哭了。他还向儿子道歉，儿子对他说：'爸爸，我真的吓死了。'我丈夫听了儿子的话，心都要碎了，问儿子：'那你会不会原谅爸爸？'儿子告诉他：'嗯！'我丈夫说：'我再也不会那样了。'"

/ 第五章 /
道歉语言之四：真诚悔改

卡拉和丈夫商议，只要丈夫觉得对孩子们快失去耐心了，他就赶快去找卡拉帮忙，告诉妻子："我已经不行了，压不住火了，你来管孩子，好不好？"然后，查德可以到附近去转转，等回来再帮卡拉的忙。卡拉告诉我，"到目前为止，这一招还挺管用的。"

把计划都写下来

悔改的第三步，要有实施计划。一个计划，如果没有执行，就如同一颗种子没有种在地里一样，是不会开花结果的。那么，要让一个计划得以实施，需要认真地思考，并且及时有效地采取行动。在这里我推荐一个非常有效的方法：把改进计划写在卡片上，再把卡片贴到镜子上，这样，早晨刮胡子的时候就可以看到卡片。这种方法可以让这些计划成为我头脑里的首要任务。如果每一天都有清晰的改变计划，就更可能作出改变。

一点儿小变化，带来大不同

乔尔的妻子乔伊斯特别容易和人发生冲突。在乔尔看来，妻子对所有的事情都不满，无论自己说什么，妻子都能找出错，加以反对。通过辅导，我发现，在乔伊斯的世界里事情非黑即白，在她眼里，事情不是好就是坏，要么对要么错。这样一来，当她与乔尔看法不同时，她会认为乔尔的看法是"错"的。我花了好一阵子才让乔伊斯看到，一件事情在道德上不对，与一件事只是在做法或看法上存在不同，两者有很大的区别。在我们的日常生活中，大部分事情不属于道德范畴，是不能用谁对谁错来简单分类的。整理房间的方式不同、吃饭的口味不同，完全扯不上道德上的对与错，所以，我们需要学会在不指责对方的前提下，表达出自己的不同意见。

另外，每个人看问题的方式也不同。当乔伊斯意识到，自己说话的方式在乔尔的眼里像法官，已经严重影响到他们的婚姻关系时，她开始很积极地探寻改变自己原有的说话和处事模式。

乔伊斯想到一个方法，当她想要发表与丈夫不同的意见时，她需要先对丈夫说出肯定的话语，然后再表达自己的观点。事实上，我们写下了三句肯定的话语，以便帮助乔伊斯练习：

1. "嗯，这是个有意思的看问题的方式。"

2. "我觉得你做得（说得）很棒！"

3. "我觉得你的这个主意真不错，我特别喜欢这个地方……"

在接下来的一个星期里，乔伊斯承认，对她来说，执行这个计划非常困难。她说："我想我沉溺在之前的固有模式里太久了，很难改变。不过，过了几天，我就开始转变了，我立刻看到了乔尔的反应有多么不同。他为我的努力感到开心，给了

第五章
道歉语言之四：真诚悔改

我鼓励，使我可以继续不断地努力改变。"

乔伊斯把那三句话写到卡片上，每天都要花时间念好几遍，她开心地说："那张卡片真是帮了我很大的忙，谁会想到呢？就是这么小小的一个改变，竟然对我们的婚姻产生了这么大的影响！"

重建的代价

有时，实施改变的计划是要付出很大的代价的。卡罗琳女士来到我（詹妮弗）的办公室，希望我可以帮助她处理自己的抑郁，以及在婚姻中被背叛遭受的伤害。卡罗琳25岁时与同岁的克里斯结婚。克里斯是个英俊帅气的职业运动员，第一个孩子出生时，克里斯有了外遇。面对卡罗琳的愤怒，克里斯承认都是自己的错，也承诺愿意修复他们的婚姻。

通过咨询辅导，卡罗琳和我讨论了她愿意重建婚姻关系的条件。对她来说，从克里斯那里不仅听到他愿意为自己的错误行为道歉，而且还要看到他改变自己的生活方式。

最终，克里斯作了一个惊人的决定，为了避开诱惑，他选择了结束职业运动员生涯，开始从事文案一类的职业。不仅如此，克里斯为了重获卡罗琳的信任，会向她报备自己的行程，还把手机密码、邮箱密码都告诉了她。

对卡罗琳来说，她需要确信，丈夫今后再也不会像从前那样了，而克里斯愿意作出改变，是为了重获妻子对自己的信任。卡罗琳原谅了他，5年后，他们的婚姻变得十分坚固。

朱莉亚和霍普是高中时代的好闺密。她们考上了同一所大学，并决定在大学里住在一起。可是，进入大学以后，两个人的关系发生了微妙的变化。朱莉亚喜爱社交，整天忙忙碌碌地参加各种各样的活动。相反，霍普比较内向，对她来说，她希望朱莉亚多花点时间陪自己，一起待在宿舍里面。可是，在朱莉亚的眼中，霍普除了上课之外，就是宅在家里，因此，朱莉亚邀请霍普参加她和朋友们每周一次的健身活动。可是，面对闺密的邀约，霍普总是拒绝："我不想去，因为……"，她对朱莉亚忙碌的外出活动日益不满。

一个夜晚，霍普心中的积怨终于爆发了，她对朱莉亚大发雷霆，指责好友是个冷血无情、以自我为中心、不可救药、糟糕透顶的朋友和室友。这深深地伤害了朱莉亚，接下来的几天，两个人都处于近乎沉默的状态中。值得庆幸的是，霍普最终认识到了自己不应该把自己孤单寂寞的痛苦都怪在朱莉亚身上，那样对朋友是不公平的。她向朱莉亚道歉，承认自己不该说那些难听的话。

朱莉亚愿意接受霍普的道歉，哪怕只是为了在宿舍里和睦相处。但朱莉亚心里也犯嘀咕，霍普可以对我发一次飙，保不准哪天就又来一次，那时候怎么办？对朱莉亚来说，接受霍普的道歉是不难的，但是，她希望事情向好的方向发展，她才能

/ 第五章 /
道歉语言之四：真诚悔改

感到安全。双方就此好好聊了聊，最终达成了以下的预防措施：要么霍普参加朱莉亚的活动去认识新朋友，要么霍普自己想办法结交新朋友。今后，如果有一个人对另一个人有怨气的话，千万不要让怒火不断累积，最终大爆发，她们要在大爆发之前把事情谈开。最后，双方还商定，要重拾旧日的美好，找一些只有她们两个人一起做的事情。

失败了怎么办

即使我们已经着手按照计划一步步执行了，但这并不意味着我们能立即取得成功。就算我们付出了真情实意，还是有可能在改变的道路上遭遇各种挫折。这时，最重要的是，我们不要轻易地被这些挫折打败。

贝琪和乔希结婚4年了，贝琪跟我谈起他们婚后不久的情形："我们结婚9个月时乔希失业了，我们两个人的收入一下子减少了一半。他在一年里都没有找到工作，变得很沮丧。在那段难熬的日子里，他威胁我说，要丢下我一走了之。我非常清楚，他很抑郁，所以，我努力地说服自己，不去怪罪他，但是我心里其实受伤了。后来，他向我道歉，说自己想要离家出走不对，说他今后不会再这样说了。"

贝琪接着说："乔希坚持了一个月，有一天，他又大发雷霆，说：'我根本就不适合你，我还是走吧。'乔希的话激起了我内心极大的不安,我告诉他:'你这样做对我的伤害太大了。'第二天,他又一次向我道歉,说自己只是太沮丧了,这不是我的错。他求我为他祷告,希望今后他再也不说要离家出走的话。"

"从那以后,3年了,他再没有说过那样的话,而且,他现在有个好工作,我们的关系也特别融洽。我真高兴,我没有在他那么失落的时候抛弃他,也没有对我们的婚姻绝望。"

当然,如果我们对自己的错误模式非常敏感,那就更好了。不必等到对方表达不满,当我们发现了自己的错误模式又启动了,就应尽快刹车,立刻道歉,这可以让对方看到你是真心想要改变的。有一次,一位女士对我说:"我非常清楚,我是一个爱唠叨的妈妈,对我20岁就成家的女儿来说,我真的是很烦,尤其喜欢对她做家务指手画脚。我有洁癖,而她没有。我丈夫就提醒我,说我到了女儿家总是喜欢到处巡视,收拾东西,还总是批评女儿。除了这件事,我和女儿之间的关系十分融洽,当我们为这事拌嘴时,我感到很困惑。后来我向女儿道歉,答应她不再唠叨。可是过不了多久,我又忍不住唠叨:'哎,你怎么就不……'然后突然想起自己说过要改变了,就改口说:'好了,我真的不要再唠叨了。'或者提醒自己闭紧嘴巴!"

但是,如果我们犯了老毛病却不愿意承认,这等于告诉对方,我们的道歉并不是出自真心的。承认再次犯错确实会让我们觉得很丢脸,很羞愧,但不承认会带来更多的恶果。

/ 第五章 /
道歉语言之四：真诚悔改

爬起来，继续前行

在改变的道路上，挫折常会发生，这时要尽快承认自己的过失，然后爬起来继续前行。嗜酒者互诚协会正是运用了这个重要的原则，成功地帮助了很多人从酗酒的泥潭里面爬了出来。嗜酒者互诚会提出了12个步骤，其中包括"忏悔，向自己认错，向另一个与我们有相同困扰的人坦承自己的困难"。[①] 忏悔，或者向值得信任的人承认过错，都需要谦卑和诚实。但当我们这样做时，就会再次鼓起勇气和信心前行。

前不久，我和小孙女一起玩，她正在用乐高搭积木，可是，每当她搭到一定高度时，积木就会倒塌，我发现小孙女的脸色变得越来越难看，我对她说："亲爱的，我告诉你一件事，是我妈妈告诉我的：'当事情不顺利的时候，努力，再努力。'你知道这句话是什么意思吗？"孩子点点头，继续搭积木。

那天晚些时候，我开罐头瓶时遇到了困难，我的小孙女走过来，抬起头看着我，说："当事情不顺利的时候，努力，再努力！"我听了小家伙稚嫩的声音，被逗得哈哈大笑，她也跟着我一起笑，于是我接着开罐头瓶，这回就成功了。这是很重要的一课。

爱迪生曾失败无数次，最终才换来了电灯泡的问世，"棒

[①] "How It Works," *Alcoholics Anonymous* (New York: Alcoholics Anonymous World Services, Inc., 1976). p.59.

球之神"贝比·鲁斯被三振出局的次数远远多于他打出全垒打的次数。我们都听说过很多这样的故事，著名演员多年被忽视，遭冷遇，著名作家多次被出版商拒绝，但他们还是坚持不懈地努力下去，最终获得了成功。最令人惋惜的是，很多人眼看着离成功只有一步之遥，却选择了放弃。旧的错误模式消失得非常缓慢，但如果我们有信心，坚持不懈，持续努力，同时寻求一些值得信任的人来帮助我们，成功的那一天一定会到来。

邀请被我们伤害的人来帮助我们一起制订改变的计划，也许是有效地表达我们的悔改之意的最好的方式。我们可以使用下面的话语。

表达真心悔改的话

我知道我的所作所为伤害了你，我再也不会那样做了。我该怎么改变，你可以给我提一些建议吗？你说什么我都愿意听。

我要怎么说，听起来才不会像在批评人一样呢？

我知道我现在所做的真的没什么用，你觉得我怎么做会让你好受一点儿？

我真的期待自己有所改变，我知道我不可能做到完美，但我真的希望不再像过去那样了，如果我又像原来那样了，你可以提醒我一下吗？就轻轻说一句：

/ 第五章 /
道歉语言之四：真诚悔改

"要恢复原状了。"我想我听见这句话就会停下来，改变方向的。

对不起，我又犯了同样的错误，让你失望了。我要怎么做，才能让你重新信任我呢？

我想改变，可我知道改变的路很漫长，也很艰难，我还会跌倒，再次伤害你，如果你能想到什么方法，可以帮助我改变，那真是太好了，也请你不断鼓励我，你愿意成为我改变道路上的同伴吗？

讨论：

说出一些你观察到的男人与女人在道歉时的不同之处。你认为这些差异从何而来？

本章把"悔改"定义为"回转"或"改变心意"，你还了解哪些有关"悔改"的含义？你怎么看待"悔改"包含了"我要努力不再这样做了"的含义？

举一个例子，在这个例子里，你希望你的配偶（其他亲近的人）不仅向你道歉，还希望他改变行为，然后发生什么。

/ 第六章 /

道歉语言之五：请求原谅

"内心深处的寻求。"

/ 第 六 章 /
道歉语言之五：请求原谅

好多年前，我（詹妮弗）的妈妈在芝加哥的一家公司工作。在那里，她和所有的同事相处得都很好。但一天下午，一位同事告诉她，说她做错了事"从不道歉"，这让她的这位同事很烦恼。

我妈妈听了以后犹豫了一下，然后想起前段时间自己确实做错了一件事，影响了这位同事。妈妈告诉我说："我觉得我当时立刻就向她道歉了。我承担了应尽的责任，还对她说：'很对不起，给你带来了不便。'所以我小心翼翼地问她：'那你希望我怎么做？'"

那位同事回答："嗯，你从来没有求我原谅你！"

"天啊，我当然希望你可以原谅我，因为我们的友谊是如此的珍贵！"接下来，我妈妈郑重其事地说："亲爱的，我现在正式问你：你可以原谅我吗？"

她立刻笑逐颜开，说："好，我原谅你了！"然后两个人都哈哈大笑，和好如初。而我妈妈也了解到这位同事的道歉的语言，那就是请求原谅。

"我知道你有外遇了"

听了妈妈与她的同事的对话,我想到了几年前遇到的一对夫妻。安琪与马丁结婚9年了。安琪发现丈夫与办公室里的一个女人发生了婚外情。安琪责问他:"我已经知道了,你和安娜发生了婚外情,我有目击证人,所以,你也不要为此狡辩了。"安琪对丈夫下达了最后通牒:要么本周内搬出去住,要么立刻斩断孽缘,并且去做婚姻辅导。她说:"你不可能鱼和熊掌兼得,选择权在你!"

马丁先是搬出去了,但是不到一周又回来了,表示愿意接受婚姻辅导,也愿意与安娜断绝来往。我对他们夫妻辅导了几个星期后,安琪说:"我觉得特别难过,因为马丁不愿意祈求我的原谅,他确实说过'对不起'之类的话,我也相信他已经断绝了那段关系,否则我也不会再为我们的婚姻努力。可是马丁拒绝请求我的原谅。"

马丁分辩说:"我觉得你好像想逼我说出那些话。"

安琪回答:"我没有想要逼你,但你似乎不愿意承认自己错了。"

马丁反驳说:"我说过'我错了'。"

安琪恳求丈夫:"那么,你为什么不愿意请我原谅你呢?我愿意原谅你,我真心想原谅你,但如果你不想被原谅,我怎

/ 第六章 /
道歉语言之五：请求原谅

么原谅你呢？你似乎并不觉得自己做错了什么，也不需要原谅。我搞不懂你的逻辑。"

"我知道我做错了，可是要我开口求你原谅真的太难了。"马丁摇了摇头，泪水从他的眼眶里流了下来，"我也搞不懂，自己为什么就觉得道歉这么难呢？"

我们调查发现，世界上有很多人跟安琪一样，当被问到"你希望对方如何向你道歉？"的时候，超过五分之一的人（大约21%）回答说："我希望对方请求我原谅他。"[1]对这样的人来说，这句话有着非凡的魔力，表明对方是真心实意地向他道歉的。

那么，为什么对这样的人来说，请求原谅如此重要，而对于别人（比如马丁）却不是这样的呢？

为什么要寻求原谅

为什么人们要寻求原谅呢？我们发现了以下答案：

首先，请求原谅代表**你希望这段关系完全得到恢复**。马特与凯丽结婚15年了，马特告诉我们："当我妻子求我原谅她

---

[1] 我们在2004—2005年，在各种婚姻研讨会上，对370多名成年人进行了调查，这些人参加了各种婚姻辅导课程，也有部分的调查报告是在garychapman.org 网站上收集获得。本调查不属于非常严格的科学调查。受访者包括已婚者和单身人士。参加研讨会的大多数受访者是已婚夫妇和已订婚的情侣。调查及问卷包含7个问题。

时，我知道她并不是想息事宁人，她想要使我们的关系变得更加真实，不管她在道歉中说了什么，只要她真心实意地求我原谅她，我就愿意原谅她，我知道她很重视我们的关系，这让我感觉很好。"

当冒犯发生时，一堵高墙立刻会竖立在双方之间，如果不拆除，双方的关系就无法恢复和继续。道歉的举动就是在拆除这堵高墙。如果你发现对方的主要道歉语言是请求原谅，这显然就是拆除高墙最有效的方法了，只有听到你的请求，被冒犯的人才能看到你想要恢复关系的诚意。

其次，请求原谅**代表你知道自己做错了事**——得罪了对方，不管是不是故意的。也许你说的或做的不见得一定是道德上的错事，甚至你只是开了个玩笑，却冒犯了对方，他现在正在生气，这个冒犯让你们的关系产生了裂痕。从这个意义上说，你做错了事，应该请求对方的原谅，如果请求原谅还是他的主要道歉语言，那你就更需要这么做了。请求原谅相当于承认自己错了，说明你清楚自己应该受到谴责或处罚。

最后，请求原谅还表达了**你愿意将双方未来的关系交到被冒犯的人手中，由对方来作出抉择**。你已经承认了错误，表达了悔恨，你也可能提出了要补偿他，现在，你问对方："你愿意原谅我吗？"你知道自己无法代替对方作出回答，这个选择必须要由对方作出——原谅或者不原谅。你们将来的关系取决于这个决定。这让你失去了控制权，而这一点，对很多人来说是非常困难的。

我们到底在害怕什么

请对方原谅自己，对于有强烈掌控欲的人来说，几乎是不可能的事情。还记得马丁对安琪说"请你原谅我好吗？"是多么费劲吗？我们为马丁安排了性格测试，结果不出所料，马丁具有很强的掌控欲，这意味着当他不能控制局面时，他会感觉极其难受和不适。对他来说，请求安琪原谅他，就等于交出了掌控权，把双方关系的未来也都交给了安琪，在马丁的潜意识里，他发现这很难做到。

通过我们的努力，马丁终于认识到，健康的人并不是毫无问题的，而是能正确认识自己的人格特质的，接受问题，但拒绝被问题控制。一旦认识到这些人格特质正在妨碍我们与他人之间的关系，就需要学习突破它们的限制和束缚。[①] 认识到这些，马丁终于对安琪说出了："亲爱的，你可以原谅我吗？"听到丈夫的话，安琪的眼中涌出了泪水，她给了丈夫一个大大的拥抱，坚定地回答："是的！"当马丁终于说出安琪所需的道歉语言时，他们的关系就恢复了。

我们很多人害怕遭受别人的拒绝，这也是导致我们难以开

[①] 请注意：对于掌控型人格特质的人来说，请求他人原谅，在情感上超出了他们的舒适区。为了学会请求原谅的道歉语言，或者其他的道歉方式，一个掌控型人格的人可能会需要外部力量的帮助：信仰、辅导员、牧师或可以信赖的朋友。

口请求原谅的另一个重要的原因。其实，每个人都害怕遭受拒绝。汉密尔顿·比兹利是位于得克萨斯州奥斯汀的圣爱德华大学的客座学者，他在《拒绝后悔》一书中说："道歉是承认我们犯了错，没有人天生喜欢这样做……这会使我们变得脆弱，因为我们需要向对方请求一样东西——原谅，只有这个人给予我们，我们的愿望才能实现，但我们也可能遭受拒绝。"[1]

没有人喜欢遭受拒绝，对有些人来说，拒绝是他们无法承受的事。所以，要他们向别人请求原谅真的很难，因为他们知道这等于把自己交到对方的手上，而对方的两个选项中有一个是不原谅他们，这就意味着他们有可能会遭受拒绝。

对这样的人，他们需要承认自己的恐惧，而不是被恐惧操控。他们可以这样推理："我知道自己生命中最大的恐惧就是遭人拒绝，我也知道，我的行为在这段关系中造成了问题，解决这个问题唯一的方法就是我真诚地道歉。因此，如果对方的道歉语言是请求原谅的话，我就需要不顾自己的恐惧，勇敢地对他说出：'你可以原谅我吗？'"成熟的人知道自身的恐惧，并且拒绝活在恐惧的阴影之下。当他们看重与他人的关系时，他们愿意面对自己的恐惧，勇敢地踏出改变的脚步，为关系的和好做出应有的努力。

还有一种情况有时会妨碍人们请求对方的原谅，那就是害怕失败。这类人在道德上有极强的对错意识，对他们来说，"做

---

[1] Joanne Kaufman, "Forgive Me!" *Good Housekeeping*, November 2004, p.174.

/ 第六章 /
道歉语言之五：请求原谅

正确的事情"等同于自己是好的和成功的。他们终其一生都在坚持做正确的事情。当他们这样做时，他们会觉得自己是很成功的人。要这种人承认自己做错了，就等于要他们宣布"自己是失败者"。所以，这种人很难承认自己的过错，他们往往会和对方激烈争论，说他们做的没有错。他们会说："这件事也许让你觉得受伤了，我也许冒犯了你，可是你误解我了，我不是那个意思。"

有时候，这些人为自己狡辩这件事本身，比一开始对人的伤害更令对方气愤，但是他们自己往往意识不到。他们会说："我只是想帮你看清楚实情。"这样的人几乎从不道歉。我们常听到这样的话："我的丈夫（妻子）几乎从不向我道歉。"一位丈夫说："我妻子太倔了，根本不道歉，我们都结婚10年了，我从来没听到过她道歉。"一位妻子说："我不明白这是不是所谓的男人的骄傲，但他就是不肯道歉，即使我把他晾在一边好几天了。他宁愿我俩都很痛苦，也不愿意承认自己做错了。"

这样的人需要认识到一件事：对失败的恐惧与对拒绝的恐惧一样，是人类最普遍的恐惧之一！克服这种恐惧的第一步，要先承认自己心中的恐惧，先对自己说："有时我说话或者做事让我所爱的人受伤，危害到我们之间的关系，只有向对方道歉，才能使我们的关系和好如初，所以，我必须学会面对恐惧，向对方道歉。我现在知道，人人都会做错事和说错话，我错了并不意味着我是个失败者，承认我错了也并不代表我就是一个失败者。事实上，承认过错有助于修复我与他人的关系。所以，我勇敢地面对自己的恐惧，承认自己的过错，请求原谅。"

能够这样推理的人将成为一个非常善于道歉的人，心理也会逐渐变得更加健康。

在一次研讨会上，拉娜对我们讲起自己的故事："当你讲到每个人都有不同的道歉语言时，我在心里说：'哈，这不就是我们夫妻遇到的情况吗？'我丈夫经常说'对不起啊'。对他来说，这就是道歉了，但我对他说：'你这不算是道歉，你都没有承认自己做错了。'"

"刚才你讲课的时候，我才意识到，其实我们的道歉语言不一样。他说了'对不起'，对我而言这没什么大不了的，我需要他问我：'你愿意原谅我吗？'因为那样我才会觉得他认识到自己错了，他在求我原谅他。我会比较容易原谅他，事情也可以过去。在今晚之前，我们夫妻一旦伤害了对方，那件事就好像永远都过不去。我们会不断地翻旧账，也努力道歉过，可问题似乎永远无法解决。之后他会说：'得了吧，我都说对不起了，你为什么要揪着这事不放呢？你为什么就不能让这件事过去呢？'我原来也不明白我为什么就是过不去，只是心里觉得哪个地方不对。现在我终于明白了！"拉娜说。

/ 第六章 /
道歉语言之五：请求原谅

请求，不是要求！

请求（requesting）原谅和**要求**（demanding）原谅有着巨大差别。一位妻子对我说："直到今天我还仿佛能听到他说的话。结婚 25 年了，他无数次对我说：'我都说了对不起了，你还想要什么？'我只希望有一次，他可以看着我的眼睛，对我说：'你能原谅我吗？'他用命令的语气让我原谅他，而他从不道歉，也从不改变。"

虽然我没有机会与这位丈夫见面，但我怀疑他有很强的掌控欲，而且惧怕失败，如果能处理好这两种性格特征，他们的关系也就不会以离婚这样的方式结束。

原谅是被冒犯的人自愿给予的，你不能强求对方原谅自己。当我们要求原谅时，我们并不明白原谅的本质。原谅本质上是一种选择，一个人愿意免去对另一个人的处罚，让他重新回到自己的生活里来。原谅对方对自己的伤害，才能重新恢复对对方的信任。原谅意味着："我在乎我们之间的关系，所以，我选择接受你的道歉，也不再向你寻求公正了。"这本质上是一个礼物。如果接受者向对方索要，那它就不算是礼物了。

如果我冒犯了一个人，却向这个人索要原谅，那就好像我坐在高高的宝座上面，审判被我冒犯的人有一颗不肯饶恕的心。那个被冒犯的人，先是被我的冒犯感到愤怒和难过，但我努力让他因为没有原谅我而产生愧疚感。与此相反，如果这时我可以去找他，请求他："你可以原谅我吗？"这意味着我向他的宝座屈身，请求他原谅我的错。我知道，如果他愿意答应我的请求，那是他在向我施与怜悯和爱，是给予我恩典。我们需要搞清楚这其中的差别，一个人只能请求对方原谅自己，决不能要求对方这么做。

这不是一件小事

请理解，当你开口请求原谅时，你的请求绝非一件小事，这会让你冒犯的人作出牺牲。当对方决定原谅你时，他们需要放弃对公正的寻求，需要抚平内心的伤痛，熄灭心中的怒火，需要想办法处理内心深处的不适感和羞辱感，需要放下被拒绝和被背叛的感受。有时候，他们需要生活在你的错误行为所带来的后果中。

有时被冒犯的人要面对一些需要饶恕的生理后果，例如性病传染、第三者生的孩子、堕胎的不幸经历。有的人需要面对情感上的伤害，比如脑海中浮现出你脸红脖子粗的形象，或者是你躺在别人的怀抱里的场景，或者耳边仿佛还能听到你大吵大嚷的声音，或者是你那些尖刻无比的话语。为了原谅你，被冒犯的人需要忍受这一切，还要想办法处理它们。你要求他的，实在不是一件小事。

综上所述，因为原谅的代价高昂，所以请勿期待被冒犯的

/ 第六章 /
道歉语言之五：请求原谅

人立刻就能原谅你。如果你对对方的伤害并不大，并且你也以对方的道歉语言作了道歉，对方也许可以很快原谅你。但是，如果伤害比较大，或者你让对方一再受伤，对方就需要花时间来面对你的道歉，如果对方的道歉语言是补偿或者是悔改的话，他还需要花时间观察，看你是否会作出应有的补偿，或者你有没有悔改的行为。被冒犯的人需要时间来检验你的真诚。

这种时候，你需要耐心地等候，一定要做到以下两点：第一，使用对方的主要道歉语言；第二，努力改变自己的错误行为模式。只有你坚持不懈地努力，将来才可能会得到对方的原谅。

先使用其他的道歉语言，**再**请求对方原谅自己。使用其他的道歉语言通常是打开原谅与和解之门的钥匙，它们可能是被冒犯的人想听到的道歉的一部分。"你愿意原谅我吗？"这话会让对方相信你道歉的诚意。如果没有这句请求原谅的话，你说的那些"对不起，我错了，我会弥补你的损失。我再也不会这样了"，在被冒犯的人听起来就像是油腔滑调的敷衍，目的是让事情尽快过去，而不是想真正地面对和处理它。

这些句子可以帮助你学习如何说出请求原谅的道歉语言。

请求原谅的话

> 我对自己对你说话的方式感到抱歉，我知道我那是在大喊大叫，我不应该那样对待你，我真的错了，我想请你原谅我。

我知道我的所作所为深深地伤害了你,你完全有权利再也不理我了,我真的为我所做的感到抱歉,我希望你可以在心里原谅我。

我不想伤害你,但我还是伤害了你,虽然我的初衷只是想开个玩笑,但是我确实做错了,我不应该开那种会伤害人的玩笑。我承诺,今后再也不这样做了。我想请求你原谅我。

讨论:

你有过这样的经历吗?你向人道歉,但后来发现对方并没有觉得你已经道歉了。为此,你是否采取了进一步的行动?

你是否曾经不得不原谅别人?或者你曾请求过别人原谅你?当时你有什么样的感受?

如果碰到这样的情况,就是对方不愿或者不能请求我们原谅,那我们如何学着去原谅呢?

/ 第七章 /

如何开口道歉

/ 第七章 /
如何开口道歉

接下来就看你怎么做了。看完前面的章节，你有没有从一些例子中认出你的配偶、孩子、朋友，或者是你自己的影子呢？通过这个研究，我（詹妮弗）对自己的丈夫J.T.也变得越来越了解了。他是一位理性的思考者，谈话需要有足够的理性，准确无误是最重要的。最近我还发现，我最好在道歉时加上一句"我错了"，这样他才能更好地听出我的懊悔。他需要我承认过错。与他相比，我则是一个非常感性的人，我需要他向我表达他的悔意，需要他关心我的感受，跟我说"对不起"。历经13年的婚姻生活，我们终于学会了使用对方的语言来道歉，而不是用自己的语言。如此一来，我们之间的争吵也大大减少了。

我和盖瑞发现，在大多数的婚姻中，夫妻之间的道歉语言往往不同，于是道歉总是遭遇"滑铁卢"，难以达成谅解。

通过对问卷调查数据的统计，我惊讶地发现，75%的夫妻的道歉语言不一样。而且，这75%的夫妻里面又有15%的夫妻，他们的道歉语言是对方在调查表中排在最末位的选择。调查数据显示，如果你使用自己最喜欢的道歉语言向配偶道歉，平均需要三次，你才可以碰巧发现对方的主要道歉语言。假设我们的数据准确，这就意味着四分之三的夫妻需要学会使用一种不同于自己最想听到的道歉语言。

发现自我

以下的问题可以帮助我们发现自己最喜欢听到的道歉语言是什么。

第一个问题：我希望对方说和做什么

兰迪和贝丝来找我。兰迪忘记了他们的结婚纪念日，没有计划任何庆祝活动，于是双方大吵一架。我分别听了双方的观点，然后问贝丝："你希望兰迪说点什么或做点什么，才可以原谅他呢？"

贝丝回答："我要他对我说抱歉，我觉得他没有意识到自己有多伤人，我要他承认他错了，他怎么可以忘记这么重要的日子呢？如果他能想出一些事情来补偿我，那就太好了。"

我对贝丝说："你刚才提到了三件事：首先，你希望他对你说抱歉；其次，你还希望他承认他自己错了；最后，你希望他能弥补他的过失，如果只能从这三项中选一项，你会选什么？"

第七章 / 如何开口道歉

"我最想要他知道他有多伤害我,"贝丝说,"我觉得他没有意识到自己的错,生活里特殊的日子,对我来说非常重要,但他不看重。"

很明显,贝丝的主要道歉语言就是表达悔意,她想听到兰迪对自己说:"我知道我伤害了你,我知道我们的结婚纪念日对你来说是多么重要,我真不敢相信我居然忘了,真的对不起,亲爱的。"如果他再加上一句,"我希望你再给我一次机会,让我可以好好地补偿你。"那就更锦上添花了。贝丝也一定会敞开心扉,从心里原谅兰迪的。

第二个问题:在这件事上,到底是什么让你最受伤

如果对方还没有开口道歉,或者还没有按你的心愿向你道歉的话,这个问题就更能帮到你。凯文被他的哥哥格雷格深深地伤害了。两个人本来关系亲密,他们之间不仅仅是兄弟,也是特别好的朋友。可是,半年前,格雷格从同事那里得知一个投资理财的内部消息,并且很快获得了很好的收益。他高高兴兴地把这个消息告诉了凯文,没想到凯文听后很生气,说:"我真不敢相信啊!有这么好的事情,你居然把我忘到九霄云外去了!难道我们不是好兄弟吗?你为什么不告诉我?"

格雷格说:"我又不知道你也想投资呀!"

"你这话是什么意思?谁会不想投资呢?任何人都想在这

种好事上投资！"凯文说。两个人你一句我一句，越吵越生气，最后3个礼拜没见面。之后格雷格跑去找弟弟，想道歉，只是凯文的回应不是很积极。他们还是会在一起，但是关系大不如前了。

一次，我去看棒球比赛，碰到了他们哥俩，谈起了这件事，我问凯文："在这件事上，到底是什么让你最受伤？"

"我想，就是格雷格不愿意承认自己做得不对。有赚钱的机会，他怎么能不叫上自己的兄弟呢？他虽然说了'对不起'，可他不承认他这样做是错的。"

我看了看格雷格，他说："我认为自己没有做错，我也很后悔没有告诉凯文，但我并不想伤害他，我真的不知道他也想投资，我真的不是故意的。"

我花了一点儿时间跟格雷格探讨，帮他认识到，即使我们不是有意要伤害一个人，也要道歉。举例来说，我们上班的时候，走路不小心，把人家端着的咖啡弄洒了，弄了人家一身，我们肯定要道歉的，可能还会帮他清洗衬衫。"你看，尽管你不是故意的，你还是要为自己的行为负责，愿意承认是自己走路不小心，而且你也会做点什么来补偿那个人，对吧？"

格雷格回答说："是啊，因为很明显是我把他的咖啡弄洒了。"

沉默了一会儿，我对格雷格说："凯文的咖啡被弄洒了，即使你不是故意的。"

第七章
如何开口道歉

格雷格说:"我明白了,那天我得到那个内部消息时,我就应该想得更周到一些,那样的话,我就会把消息告诉我弟弟,因为我真的很爱那家伙!而且,我真的受够了前面那3个星期,完全就是度日如年!"

于是,我目睹了接下来的一幕,在宽阔的棒球场的看台上,格雷格对自己的弟弟说:"我真的爱你,老弟,那天我确实应该想着你来着,我要把股票卖了,赚的钱分一半给你。"

凯文听了以后,笑了,说:"得了,你不需要那么做,你已经做了应该做的。我原谅你了!"

两个大男人说完拥抱了一下。我非常庆幸我来看了这场棒球赛。

如果我没有问凯文:"到底是什么让你最受伤?"就无法发现,凯文的主要道歉语言是承认过错。那么,我就无法顺利地引导格雷格作出这样一个在弟弟眼中非常真诚的道歉了。格雷格其实没必要非说"我错了"这三个字,他需要做的,是承认自己没有做好,对弟弟说:"那天我确实应该想着你。"这才是凯文想要听到的话,格雷格只有这样说,在弟弟眼里才算是真心实意的道歉。

后来,我听说格雷格真的把股票卖了,把赚的钱分了一半给弟弟,这就像锦上添花一样,虽然不是必需的,但为这次的道歉画上了完美的句号,也进一步疗愈了他们的关系。

第三个问题：我该如何向对方道歉

通常情况下，我们会使用自己最愿意接受的语言去向对方道歉。来自威斯康星州格林湾的玛丽告诉我们："当我向他人道歉时，我会跟他说：'对不起啊！'我希望那件事没有发生，我一点儿也不想伤害他，可我发现我已经伤害了他。我希望他知道我真的非常难过，追悔莫及，我因为伤害了他而感到非常痛苦。"玛丽的主要道歉语言可能是表达歉意。

乔治是一名来自印第安纳波利斯的卡车司机，他告诉我们："当我道歉的时候，我会承认我错了。对我来说，这就是道歉。如果一个人连错都不愿意承认，怎么能算道歉呢？"这些话表明，乔治的主要道歉语言很可能是承认过错。

安娜来自北卡罗来纳州夏洛特，她说："当我向人道歉时，我告诉他们，我不会再犯同样的错误。我想让他知道我对我所做的事很不满意，我是真的想改变。"由此我们可以推测，如果有人得罪安娜，她希望对方使用道歉语言之四——真诚悔改——来向她道歉，以防止同样的事再次发生。

也许你同时拥有两种同等重要的道歉语言，也就是说，两个人都大声向你表达他们真诚的歉意，你问自己哪种语言更重要时，你听见内心说："这两种语言同样重要。"这种情况表明你是个"能听懂两种语言的人"。其实这会让向你道歉的人更容易成功，因为他使用两种语言的任何一种，你都可以感受到他的真心，也就更容易原谅他。

为了帮助你确定自己的主要道歉语言，本书最后的《道歉语言问卷调查》里有一个道歉的语言的简述。它算不上十分严谨和科学，但它是一个非常实用的工具，可以帮助你了解自己的道歉语言，你还可以跟身边的人一起讨论，最终找到你的道歉语言。

你知道你所爱的人的道歉语言吗

如何了解自己的配偶、子女、父母和朋友的道歉语言呢？你可以建议他们看看这本书，问问他们上述三个问题，或者跟他们讨论附录里的简述。这些方法都可以极其有效地帮助你们在冲突产生后成功地道歉。

你也可以重新设计三个问题，找出这个人的主要道歉语言。你可以让他描述一次别人向他做过的不够充分的道歉。请他想想，到底缺了什么？你可以问："那人有没有什么话，本来可以说却没说，而那话会让你心里感觉好很多？"如果你得罪了他人，你可以问他："我知道我伤害了你，我在乎我们之间的关系，我需要怎么说或者怎么做，才可以使你原谅我呢？"这时候，那人的回答很有可能会透露出他的主要道歉语言。

当一位丈夫这样问妻子时，妻子回答他："我告诉你一件事，如果你不承认你做错了，我是绝不会原谅你的。你表现出一副想怎么说就怎么说的样子，说什么你只是在开玩笑。对不起，我受够了你的这些'玩笑'了，如果你不能搞清楚你的这些话既伤人又不好听，我是永远也不可能原谅你的。"她的回答清楚地表明，她主要的道歉语言是承认过错。

有时你得罪了某个人，你可以将第二个问题稍作改动，比如："我知道我伤害了你，从你对我的态度我已经发现你受伤了。对不起！你能不能告诉我，我所说所做的，什么地方是让你最受不了的？"

当你们最近都没有产生冲突时，第三个问题可以用探讨的方式提出。你可以说："最近我在看一本书，讲如何向你所爱的人道歉。我想问你一个问题，听听你的看法。假如你得罪了一个人，你如何向他道歉呢？你觉得道歉时最重要的是什么呢？"

如果这个人愿意敞开心扉，你可以跟他聊聊道歉的五种语言。可如果他对你说："咱别聊你那书了，让我告诉你对我来说哪个方面最重要吧。"那你就认真听他怎么说，也可能会发现他的主要道歉语言。

威廉是一位50多岁的商人，他的同事问了他这个问题。威廉说："如果我跟一个人道歉，最重要的是要让对方知道，我为自己做过或没能去做的事伤害了他人而感到难过。"接下来，威廉谈起他是如何向自己的女儿道歉的。

他女儿在家里开了一场钢琴演奏会,他却没能赶回家参加。

/ 第七章 /
如何开口道歉

看到女儿失望的表情时，威廉对女儿说："亲爱的，我现在才明白这件事对你来说有多重要，我非常后悔错过了这么美好的时刻，没能陪在你身边，看你的表演。在我心中你是一个伟大的钢琴家，而我却让你失望，没有及时赶回来看你优美的表演。亲爱的女儿，我希望你可以原谅我，再给爸爸一次机会，让我向你证明，我有多爱你和你妹妹，还有你们的妈妈。"说完他拥抱了女儿，他告诉同事："我女儿哭了，我觉得她在努力原谅我。"

"没看女儿表演，让她失望了，这让我感觉糟透了，我努力和她沟通我的感受。对我而言，如果对所做的事都不觉得难受，那还道什么歉啊。"威廉说。

我们可以从这位父亲的话里推测出，他的主要道歉语言是向对方表达悔意。

满分的道歉

如果你已经道歉了，却感到对方还没有完全原谅你，那该怎么办呢？有一个方法，可以帮助你获得谅解。在道歉一两天之后，你可以问对方："如果把道歉的级别分为 0 到 10 分，你觉得我那天晚上的道歉可以打几分？"如果对方给出的答案没有达到 10 分，你可以说："我想要努力达到 10 分，你觉得我还需要怎么做呢？"对方会告诉你一些实用的信息，你就可以继续努力，以便更有效地达成和解。

有一位丈夫问妻子这个问题，妻子回答："大概 7 分。"丈夫接着问："那么我要怎么做才可以得到 10 分？"妻子说："我基本上相信你的道歉是出自真心的，但是，有一件事你没做——你没对我说'我错了'。我担心你会找借口，说是因为我对你的态度不好，你才做那样的错事。我知道自己不是完美的人，但是我觉得我的行为不应该成为你做错事的借口，不知道你是否同意我的看法。"

丈夫说："我能明白你的想法和感受，让我告诉你，我知道自己做错了，我不为自己的行为找任何借口。我愿对自己所做的事负完全的责任，怎么都不会怪到你头上。我很抱歉让你经历了这些，希望有一天你可以原谅我。"

这些话很可能正是他的妻子希望听到的。

> 讨论：
>
> 　　道歉的五种语言中，你的主要道歉语言是哪一种？想想你的好朋友，他的主要道歉语言是哪一种？
>
> 　　回顾一下发现主要道歉语言的三个问题，哪个问题对你最有帮助？
>
> 　　你最希望别人怎样向你道歉？

/第八章/

为何开不了口

/ 第八章 /
为何开不了口

康涅狄格州的纽镇发生了令人震惊的校园枪击案,专栏作家丽莎·玛丽·威廉姆斯撰文反思了亲密关系可能给人带来的痛苦,她写道:

> 一个人在成长过程中会逐渐意识到,有时候,说声"对不起",远远不能够弥补你的过错。而有时候,即便不是你的错,你也需要说"对不起"。

接下来,威廉姆斯描写了一场与闺密之间的争执:"我们双方都口出恶言,最后,我不停地道歉——不是因为我觉得自己有错了,而是我觉得必须做些什么来修复我们的友谊。"

可是,她的闺密并没有向她道歉,她不觉得有道歉的必要。开口求和的威廉姆斯写道:"这太让人受伤了!"[1]

诚如威廉姆斯的闺密一样,来自加利福尼亚州贝克斯菲尔德的一位男士谈到与妻子发生的冲突,说:"我知道我做得不对,可她也有不对的地方。事实上,是她的行为促成了整件事

---

[1] Lisa-Marie Williams, "Apathy Sucks: 'Tis the Season for Making Amends," *RYOT News*, December 17, 2012. http://www.ryot.org/apathy-sucks-tis-the-season-for-making-amends/36774.

的发生，既然是她引发的冲突，我为什么需要道歉呢？"

美国男人平均寿命是76岁，女人是81岁，双方到底有多少岁月可以消耗在旷日持久的冷战中啊？仅仅为了等着旁边这个人先来向自己道歉吗？我听说有一对夫妇，在同一个屋檐下生活了整整30年，却形同陌路，因为他们都希望对方先开口说抱歉。

一位丈夫告诉我，在长达20多年的时间里，他和妻子从未向对方道过歉，他说："我甚至忘记了最开始发生了什么，只记得她坚持说我应该向她道歉，而我不觉得自己应该道歉，我认为应该道歉的人是她。然后两个人为谁该道歉吵来吵去，最后就进入了冷战。"

令人难过的是，这样的例子屡见不鲜，我认识一对兄弟，他们已经18年没有说过话了，原因是其中一人觉得对方在一次汽车交易里占了他的便宜，而被指责的那个人说："我说的明明都是实话！"那是18年前发生的事啊。从那以后，尽管两个人住在同一座城市里，却没有跟对方说过一句话。不肯道歉换来的是怎样悲惨的结果啊！

/ 第八章 /
为何开不了口

为什么不肯道歉

"我不想和她有任何瓜葛"

为什么人们不愿意道歉呢？有时是因为**他们不重视那段关系**。也许双方在过往的相处中有太多的不愉快，有很多怨恨隐藏在表面之下。正如一位女士谈到与姐姐之间的关系时说的："我放弃了我们的关系。无论我怎么做都不能满足她，在她眼里也都不对。她伤害了我太多次，所以，我最后下了决心，不值得再跟这个人来往了。我给电话安装了来电显示，能辨认出谁打来的电话。只要她打来的电话，我都不接。因为她只会指责我，我根本不想再和她说话了。我去看望妈妈，只要看见姐姐的车停在那里，我掉头就走。我不想和她有任何瓜葛。"

出于一些或许合理的理由，这位女士有意识地贬低她和姐姐之间的关系，也没有任何动力为自己的破坏性的行为道歉。

"是他的错"

人们不愿意道歉有时是因为**他们觉得自己的行为是正当合理的，错在对方**。一名职业运动员在当地酒吧与人发生了肢体冲突，他说："我是不会道歉的，他不应该说那些话来惹我生气。"这名运动员的逻辑似乎是："你惹我是你错了，那你就得付出代价。别想要求我道歉，你是罪有应得。下次别再来惹我，要不然你会更惨。"显然，他才不在乎和这个人建立关系，他要的是严厉的报复。这种姿态当然不可能消除隔阂，相反地，只会加深怨恨。

这样的事在生活中比比皆是，很多人奉行"以牙还牙"的生活原则，但这与我们所信奉的与人为善的教导完全相悖，我们经常得到这样的教诲："不要以恶报恶……若是能行，总要尽力与众人和睦……"

为自己的错误行为辩护，是在自欺。有人觉得自己从来没有做过错事，没有必要向他人道歉，他们是活在梦里。现实生活中，每个人都会说出难听的话，会严厉地指责他人，有时会做出伤害他人和破坏性的行为。如果有人觉得自己不需要向他人道歉，那他的世界里一定满是破碎的人际关系。

随着调查研究的展开，我们发现这种错误的态度俯拾即是。从伯明翰来的贝琪说："结婚10年了，我学会了不再期待道歉。以前我也试过逼着他向我道歉，但他那样做都不是出自真心，他从来不后悔。他说他从来不觉得自己做过什么需要道歉的事。所以，我也就死心了，他永远不会向我道歉。我只希望我们之间的关系不要继续恶化。"

玛莎来自缅因州的班戈，她告诉我们："我丈夫是个沉默寡言的人，我不记得听到过他道歉。他原生家庭的家人从来都不处理彼此关系中产生的问题，家里充满了伤害，现在我们家里也充满了伤害。问题没有解决,只是被掩盖起来了,里面有很多怨恨。我们的家只是在共存,因为这'看起来'是对的。有时,我觉得自己像伪君子一样虚伪。"

不认错不是男人的专属问题,女人也有不认错的。乔恩来自新墨西哥州的克洛维斯,他说:"就算我知道明明是妻子对我做了错事,她也总有办法让我心里感到内疚。每当我以为她要道歉时,我知道接下来她一定会把她的错都怪到我头上,她不会为任何事道歉。于是我在心里替她向我自己道歉。不过那真的算不上是什么让人舒心的办法。"

来自印第安纳波利斯的马克说:"我妻子从来不道歉,除非她做了非常糟糕的错事。但即使那时,我也很难感觉到她的道歉是发自真心的。"

通常情况下,这种人会试图把责任推给对方,实际上,这种人是**不善于反省的**,他感觉不到自己的问题。

戴夫的秘密恶癖

不善于反省的人都会有**低自尊**的问题。有些人在成长过程中可能被教导说只有弱者才会道歉。他们的父母通常也有低自尊的问题。这种父母经常把家庭中出现的任何问题都怪罪在孩子头上,因此,孩子自然也会成为一个低自尊的人,并把这种模式继续传给下一代。他们拼命努力成为一个有价值的人,他们视道歉为软弱的表现，他们也会因为所有出现的关系问题而责怪对方。

一个有低自尊问题、推卸责任、强烈反感道歉的人往往需要接受辅导，来认知和矫正这些根深蒂固的思想、行为和情感模式。

这些人不知道的是：道歉会提升一个人的自尊心。对自己的错误负责的人是会受到他人的尊重和认可的，而受到尊重和认可反过来会增强他的自我存在感。相反，总是掩盖错误或者为自己找借口的人往往会失去别人的尊重和肯定，从而进一步加深低自尊的问题。但是，陷入这种恶性循环的人很难理解这些道理。

近来，戴夫和妻子珍妮特经历了一系列的变故和损失。他们第一次找詹妮弗做辅导时，戴夫提到他曾沉迷于色情杂志，但现在已经逐渐摆脱这种恶习了。妻子珍妮特感到特别受伤，不仅因为家庭最近的损失，也因为戴夫长期的这个秘密恶癖。

我问他们："戴夫有没有为自己看色情杂志的事道歉？"两个人都沉默了一会儿，戴夫解释说："我说过我为自己的癖好感到抱歉，不过我没有说细节，因为我觉得那样的谈话会很糟糕。"此刻的戴夫犹如一只被夹子夹住的老鼠，他不想谈论自己的过错而使自己陷入困境。

我想帮助戴夫认识到，他的行为是想要掩饰自己对妻子造

/ 第八章 /
为何开不了口

成的伤害，可这么做只会延长双方的痛苦。我向戴夫和珍妮特解释了所谓"平衡天平"的概念："当珍妮特知道你有看色情杂志的恶习之后，你们婚姻的天平就失去了平衡，她那边一头栽到了地上，她觉得非常沮丧、悲伤、孤单和愤怒，不敢再相信你了。你大而化之的道歉是没有办法让你们婚姻的天平恢复平衡的。珍妮特仍然感到受伤和害怕，如果你任由珍妮特那边的天平保持较低状态的话，她很有可能会把心中的重担转化为对你的冷嘲热讽。"

最后，我总结了我的类比，对戴夫说："珍妮特需要有人帮她那边减重，让天平恢复平衡，如果你愿意面对自己内心的恐惧，尝试着和珍妮特好好聊聊，会为她和你们的婚姻带来极大的帮助。人们通常以为和配偶聊这种令人难堪的话题是非常恐怖的事，但事实恰恰相反，当你愿意卸下内心的包袱与配偶认真聊聊时，结果都是美好的。珍妮特很可能不再像现在这样向你发泄怨恨。也许她会觉得，你真诚的道歉消减了她的怒气，这会为你们的关系带来多大的好处啊！"

戴夫认真地听完了我的话，他答应回家后试着向妻子作更具有细节性的道歉，第二周来向我汇报结果。

再见到他俩时，两人的脚步轻盈了很多。戴夫高兴地说："我按照你教我的方式做了，结果没有我想象的那么糟。我向珍妮特认了错，这么多年来，我在家里藏了一堆色情杂志，真是大错特错。我对妻子说，现在孩子们也知道了，这可能给他们带来情感上的伤害和不好的影响。我又讲了一些其他的细节，继续向妻子道歉，因为这件事让她对自己的魅力产生了怀疑和自卑，我很难过。还有我一直都在欺骗她，实在是辜负了妻子对我的信任。"

戴夫为自己的勇敢感到由衷的骄傲，这样做带来了自由和释放，他甚至劝告自己的一个男性朋友也这样向妻子坦白："我已经向他解释了'平衡天平'的概念，他也应该向妻子道歉，他说会道歉的！"

这时，我转向珍妮特，问她："你听到戴夫的话有什么感受？"珍妮特说："戴夫迈出了很大的一步！先前，我已经不期待他会为自己的行为负责了，如今，我对我们的婚姻重新充满了希望。"

戴夫补充说："过去很长的时间里，我一直相信一个谎言，那就是：'我们一旦谈论这个问题，情况会变得更糟。'我不顾自己良心遭受的谴责，更可悲的是，我这种想法向妻子传递的是这样的信息：我根本不在乎她的感受。"

戴夫向妻子道歉4个月后，他被诊断出患了癌症四期。此时的戴夫只能感叹："幸好我在知道病情之前就向妻子道歉了，真不敢想象如果我没这样做，如今该怎么办！请替我提醒读者们：趁着还有机会，赶快向你所爱的人道歉吧。"

/ 第八章 /
为何开不了口

"我学不会他的道歉语言，怎么办"

我们还会经常听到这样的问题："如果我学不会他的道歉语言，觉得不自然，怎么办呢？"

诚然，有些人使用一种特别的道歉语言会比其他人更困难。这与我们的成长历程有关，与我们从小到大接受的东西相关。不过，好消息是：每种道歉语言都是可以学习的。我们会向大家介绍，我们一开始都非常不习惯使用某种特定的道歉语言，大多数人也都承认他们在初期觉得非常不舒服，但是他们的例子证明，只要坚持，人们完全可以学习和掌握一种新的道歉语言。

"我真的好爱她，希望妈妈可以原谅我"

在一次课程中，我们认识了詹姆斯和他的女友瑟琳娜，他们两人正在准备结婚。他们做完道歉语言调查表后，瑟琳娜告诉詹姆斯，自己最希望听到詹姆斯在道歉中说"对不起"。后来，詹姆斯告诉我，他几乎不记得自己曾对人说过这三个字，他说："我一直以为，真正的男人是不会道歉的。"

听完这话，我说："那我问你一个问题：你一生中有没有做过什么让自己后悔的事？你在事后是否对自己说过：'真希望我没有做这件事？'"

131

他点点头，说："我妈妈出殡的前一晚，我喝得烂醉如泥，第二天早上醒来，头都是晕的，不太记得葬礼上发生了什么。"

我问他："那你有什么感觉？"

詹姆斯回答："简直糟透了！我觉得自己把我妈妈的脸都丢尽了。妈妈的去世对我的打击很大。我和妈妈关系特别好，我有什么事都会找她聊聊。那天我只是想借酒浇愁，但是我喝得太多了。我知道我醉成那样肯定会让她伤心。她平时就老说我，不让我多喝酒。我希望天堂里的人不知道人间发生的事，这样我妈妈也就不会知道了，因为我不想伤害她。"

"要是天堂里的人知道人间发生的事，你妈妈对你所做的事会很失望的；假设你有机会跟她交谈，你会怎么说？"我问。

詹姆斯眼圈一下子红了，他说："我会告诉妈妈，我真的对不起她，那天晚上我就不该跑到酒吧去。我要告诉妈妈，我真的好爱她，希望妈妈可以原谅我！"

我把手放在他的肩上，对他说："你知道刚才你做了什么吗？"

他说："嗯，我刚才跟我妈妈道歉了，这感觉很好，你觉得她听见了吗？"

我说："我觉得她听见了，我相信她已经原谅你了。"

/ 第八章 /
为何开不了口

詹姆斯一时说不出话来。"嘿,伙计,我可不想哭。"他说着,擦去脸颊上的泪水。

"我们聊聊这事儿,你是不是从小被教育,说真正的男人是不会哭的?"我说。

"是的。"詹姆斯回答。

我摇摇头,说:"詹姆斯啊,这么多年来,你听到了一些错误的话。其实,真正的男人是会哭的,塑料人才不哭呢!当发现自己伤害了所爱的人时,真正的男人甚至会说:'对不住。'詹姆斯,在我眼里,你是个真正的男人,你今天已经证明了。永远不要忘记。以后,如果你和瑟琳娜结婚了,你不是个完美的丈夫,她也不是个完美的妻子,没有必要为了拥有美满的婚姻而变得完美。但是,如果你伤害了对方,千万要向对方道歉。要是瑟琳娜的主要道歉语言是'对不起',那你就需要学会说。"

"明白了!"詹姆斯笑着说,"我很高兴我们俩来参加这次学习!"

"我也是。"我跟他道了别。

说不出口,无法承认

玛莎发现自己无法承认过错——而这正是她丈夫所需要听

道歉的五种语言
When Sorry Isn't Enough

到的道歉话语。

"我也不知道为什么,"她告诉我,"也许因为从小到大,我从来没有听到我的父母说过这样的话,他们也没有教过我如何道歉。他们总是要我'努力,卓越,拼尽全力',但他们从来都没有说起关于道歉的事。"

做完道歉语言问卷调查后,她在网上给我留言:"近来,我一直都在用心学习我丈夫的道歉语言。我一有机会就练习。实际上,我试过大声说:'我错了,我不应该这么做。'但我觉得要承认自己做错了真的太难了,特别是刚开始的时候,总是开不了口。每个词都好像黏在嘴里,说不出来。不过,一旦说出来就感觉好多了,好像千斤重担从肩上卸下了一样。"

玛莎的事例说明,学习说别人的道歉语言是一件不容易的事。玛莎指出了一些困难的原因,比如,从小家中的父母没有做出很好的榜样,或者父母忽略了有意识地教导孩子。在她的生活经历中,道歉的事从来就没有发生过。还好,如今她长大成人了,她承认自己的言行有时候并没有爱意,也不够友好。她没有为自己的行为找借口,而是选择学习配偶的道歉语言,这开始真正地改善了她和丈夫的关系。

对难以说出"我错了,我不应该这么做"的人,我建议做以下的练习:把下面的话写在一张小卡片上:"我并不完美,有时我会犯错,有时我说话、做事会伤害对方,我知道对方的

/ 第八章 /
为何开不了口

道歉语言是希望我承认自己的过错，对他们说："我错了，我不应该这么做。'因此，我愿意学习说这些话。"

大声朗读这些话，然后独自对着镜子重复练习说："我错了，我不应该这么做。"首先要打破"开不了口"这个障碍，说一些你觉得不舒服的话，这是使用承认错误的道歉语言的第一步。

学习为自己的行为承担责任，还要明白"人无完人"。我并非完美的人，有时会做伤害别人的事，说伤害别人的话。当我选择承认我是一个不完美的人，愿意承认自己的错误，并愿意按照对方喜欢的方式道歉时，我就已经在进步了。

"我害怕说了以后做不到"

对有的人来说，向对方表达自己的悔改之意，说"我愿意付出努力，来避免这样的事再次发生"的话，也会很困难。欧文非常诚实地对我说："我不愿意轻易承诺，说我会改变，因为我害怕说了以后做不到。我真的愿意改变，否则我一开始就不会道歉。可是当我说我要努力改变的时候，我害怕我是在为自己布下失败的陷阱，要是我又犯错了，那不是让我们的关系变得更糟了吗？为什么我只作出行动的改变还不行？为什么非得说出来呢？"

欧文一语道出了很多人的心声。然而，不把你的想法说出来的问题在于，对方无法读懂你的心。你知道自己在努力改变，可别人不知道呀。其实我们向对方表达想要改变的意愿，也和我们向对方表达道歉的话语一样，目的是想让对方知道，我们认识到自己给对方造成的伤害，我们非常珍惜与对方的关系，希望获得对方的原谅。

从亚拉巴马州莫比尔来的爱莉森告诉我们："我丈夫不太明白说'对不起''我错了''你可不可以原谅我'或者'我会努力改变的'这些话会带来什么好处。但是，他不向我说这些话，给我的感觉是他没有觉得抱歉，他不明白自己做得不对，也不打算有所改变。即使他心里很抱歉，并且他实际上正在努力改变，我也不知道。如果不说出来，我怎么知道你真的有悔意？我怎么知道你真的愿意改变？我的主要道歉语言是悔改，如果我知道丈夫至少在努力改变，我愿意原谅他。可他要是不告诉我这些，那就好像他没有用我的道歉语言，我很难相信他真心地爱我，愿意向我道歉。"

爱莉森明确表示，表达愿意努力改变的意愿，是使用悔改的道歉语言的第一步。

这里，我不是建议你承诺自己永远都不会再这么做。你要表达的是，你将尽一切努力不再重复这种行为。只有努力才能迈向成功。改变长期建立起来的习惯模式很困难，但这不是不可以改变的。第一步就是下定决心要改变，然后，我们开始迈向正确的方向。身边的人会因为你的努力受到鼓励，即使你在

第八章
为何开不了口

改变之路上走得跌跌撞撞,偶尔会再犯错,但只要你愿意坦承错误,他们还是愿意原谅你的。

不要因为害怕再次犯错,就不敢迈出通向悔改和成功的第一步,如果你面对的主要道歉语言是真诚悔改的人,就勇敢地对他说:"我真的会努力来改变自己。"然后,制订一个切实可行的计划,并遵循这个计划,它会带你在改变和抚平过去伤害的道路上走得更远。

过犹不及

我们发现,有的人几乎每天都在道歉,只要他与另一个人之间有任何紧张的感觉,他马上就向对方道歉。

"我总是搬起石头砸自己的脚"

出于不同的原因,有些人会过于频繁地向他人道歉。有人非常敏感,说话做事都小心翼翼,生怕引发对方的不满,也容易产生负疚感。杰里米就是这样的人,他说:"我比妻子爱道歉,因为我总是搬起石头砸自己的脚。我特别爱说话,有时候会惹麻烦,有些话我想都没想就说了,过些时候才意识到得罪了妻子或者同事,所以我经常道歉。"

爱玛说她的丈夫安德鲁经常因为同样的原因道歉:"他每天都会做点要道歉的事,然后道歉。"

我以为她在开玩笑,当我看到她没有一丝笑意的脸时,才禁不住问:"你说的不会是真的吧?"

她说:"是真的。我从来没见过这么像只大笨鹅的男人,不过他马上就道歉了,可我只希望他不要再做那些他必须道歉的事。"

对于像杰里米和安德鲁这样的人,他们的问题不是不愿意道歉,而是缺乏与人交往的技巧。他们目前应对相处困难的方法就是频繁、大量的道歉,其实,他们应该参加建立人际关系的技巧课程,或者接受辅导,或者阅读与人建立积极关系的书籍,学习建立人际关系对他们来说会更有效。

"我总觉得是自己错了"

还有一些人,他们过度道歉缘于低自尊。35岁、至今单身的露西对我说:"我总觉得每件事都是我的错,不管在公司还是在家里,在我所有的人际关系中,我从来没有自我感觉良好过。所以,当我和任何人的关系出了任何问题时,我立马会怪罪到我自己身上,然后我就向对方道歉。身边的人常常会对我说:'你不用为此道歉,你没有做错什么!'可我总觉得是自己错了。"

帕特丽莎和丈夫戴夫住在凤凰城。他们很早就退休了,从密歇根州搬到了气候温暖宜人的凤凰城。帕特丽莎跟我们谈起自己的丈夫时说:"戴夫总是道歉,说'对不起'。可他说的

第八章
为何开不了口

时候,带着一种'我知道我一无是处,什么也做不好'的感觉。显然,他不是一无是处的,他经商相当成功,否则我们怎么能这么早就退休了呢?他没有做很多需要道歉的事情。我认为他可能存在低自尊的问题,而他自己总用道歉来掩盖这个问题。"

我一直没找到机会和戴夫聊一聊,但我有一种感觉,戴夫的确存在低自尊的问题,要么是原生家庭的影响,要么是妻子太挑剔了,经年累月,他就被培养出一种回应方式,那就是对别人的指责照单全收。无论是出于何种原因,戴夫无疑正在忍受低自尊的困扰。想要获得医治,进而改善关系,戴夫可能需要接受辅导,处理他的自我认知问题,对"我是谁"有一个新的、更积极正面的认知。他目前正受困于低自尊的模式,而他完全可以寻求改变,不必一生都活在这样错误的模式里面。

"我想让事情翻篇儿"

不少人不喜欢面对冲突,希望尽快解决问题,生活可以"恢复正常"。为了解决冲突,他们愿意承认过错,向对方道歉,即使他们不觉得自己有错。他们不喜欢花时间讨论冲突和问题,不喜欢面对紧张负面的情绪,而情愿把责任揽到自己身上,向对方道歉,好希望生活恢复正常。下面是我们研究这类人的一些事例。

格洛丽亚与弗兰克结婚 20 年了,她对我们说:"我要是想睡觉,就必须让事情翻篇儿。我发现有时候,即使不是我的错，我也愿意向弗兰克道歉，这样一来我们就不再争吵了，我也可以问心无愧地睡觉。"

凯文来自纽约城，他参加了一个我带领的改善婚姻的活动，他说："在我成长的过程中，我父母从不吵架，我对冲突很不习惯，所以，一遇到沮丧或者失望的时候，我就觉得我得道歉，让事情恢复正常。"

约翰逊今年30岁，结婚两年了，并且他很喜欢现在的工作。他告诉我："我不喜欢争强好胜，不喜欢和人发生冲突。就算不是我的错，我也愿意道歉，道歉后一切就恢复正常了，这多好啊！我才不要把时间浪费在争论上面呢，我觉得我是一个有爱心的人，而不是一个斗士。"

有趣的是，一些人告诉我，"道歉高手"是道歉最多的人，即使不是他们的错，他们也会主动道歉。当我问苏珊娜："你和你丈夫，谁是道歉高手？"她告诉我："是我丈夫。事实上，可以说他90%的时间都在道歉，即使不是他的错，他也会道歉。他希望我们和平相处，所以，只要有了矛盾，总是他先跑过来跟我和解。"

导致怨恨的"和平"

对于很多与上面事例中一样的人来说，和平高于一切。只要能尽快平息争执，解除冲突，他们愿意认错。对他们而言，

/ 第八章 /
为何开不了口

平复情绪比分清是非对错更重要。表面看来,这似乎是一种令人钦佩的品质,但是这往往会引发一些人内心的怨恨。

基姆与玛特结婚15年了,他们住在弗吉尼亚州的威廉斯堡郊外。基姆对我说:"在家里,我总是开口道歉的那个人,玛特不善于表达自己的情感,所以一旦发生任何不好的事,引发了不愉快,通常都是我向她道歉。这样家里就会恢复平静。我经常把负面情绪憋在心里自己慢慢消化,因为就算不是我引起的矛盾,我也要道歉。"

这种内化的怨恨会给人际关系制造出一种情感上的无形的距离。表面上风平浪静,可是在内心深处,一场情绪风暴正在酝酿之中。

如果一个人感觉自己内心正在积蓄怨恨,请赶快寻求专业的辅导员或者值得信任的朋友谈谈,如果不能处理好这种怨恨,关系很可能出现破裂的危机。用怨恨的代价换来的和平并不是通往真实关系的道路。

讨论：

什么时候你选择了等一等再道歉，而不是立即道歉？这样做对你们的关系有什么影响？

本章里面有人遇到这样的困惑：明明是她（他）挑起事端，为什么要我去跟她（他）道歉？如果是你，会怎样回答这个问题？

很多人长期处在一种"不善于反省"的状态，不觉得自己有错，你有过这样的经历吗？你身边有这样的人吗？

/ 第九章 /

学习原谅

/ 第九章 /
学习原谅

在这一章,我们的角度是从向人道歉转到接受道歉。正如我们所知道的,原谅对方所犯的错并非易事,尤其是当我们认为对我们的伤害非常大的时候,就更难原谅对方。

我们要清楚,先有冒犯,后有饶恕。罗伯特·恩赖特教授是研究"饶恕"课题的先驱,他创立了国际饶恕研究所,该研究所将饶恕定义为一项美德,是一种面对不公正对待时的反应,在"遭受伤害时仍然愿意用善意对待对方的举动"。[①] 据此,我们看到,如果不承认冒犯,就不存在饶恕的问题。

所有真诚的道歉都希望达成两个目标:饶恕冒犯者,和解关系。在饶恕与和解达成后,双方的关系才可以继续发展。

晴天霹雳

即使是很小的冒犯,也可能犹如晴天霹雳,打破双方关系的宁静,如果你是被冒犯的一方,你知道这种感受:受伤、愤

---

①Robert Enright, http://www.forgiveness-Institute.org/html/about_forgiveness.htm.

怒、失望、怀疑，遭到背叛和拒绝。无论冒犯你的人是同事、室友、父母还是配偶，你都面临一个问题："他们既然爱我，怎么可以说这样的话，做这样的事呢？"你心中爱的花园正遭受着一场暴风雨的摧残。

事情才刚刚开始，你公正的天平不再平衡，驻守你内心的道德勇士们纷纷起身，发出怒吼："这是不对的，让我们为你而战！"你心潮澎湃，马上想要下达命令，对勇士们说："冲啊！"可是你不确定这是不是正确的决定。因为你看重双方的关系，你想："也许他的意思并不是听起来的那样，也许我不了解事情的全部。"

当你开始收集各种各样的信息时，你的理智开始占了上风。有时你发现自己误解了对方，对形势的解读出了问题，这时你的怒气会消退，会继续保持双方的情谊。还有一种情况，就是所有的证据证实了你的愤怒，这是真实的，而且，情况比你原先预料的还要糟。对方冤枉了你，伤害了你，使你受了屈辱，他说了非常难听的话，表现得既无情无义又粗鲁残忍，如今，这个鸿沟就这样横亘在你们之间。

很多时候，我们对伤害的反应会使情况更加恶化。当对方对你吼叫时，你也对他吼叫；他推了你一把，你也推他一把；他语出伤人，你也恶语相向，这样一来你俩都伤害了对方，除非你们彼此道歉，而且都选择原谅对方，否则情感阻隔永远不会完全消除。

/ 第九章 /
学习原谅

因为没有人是完美的，有时我们对人缺乏爱和尊重，所以，如果我们期待拥有健康的关系，那道歉和饶恕是不可或缺的。重要的不是谁先开口，而是双方都应该彼此道歉。当别人向我们道歉时，我们需要学会饶恕他。让我们一起来学习饶恕的艺术吧。

饶恕是什么

首先，我们来看**饶恕**一词的意义。在英文版《圣经》里，有三个希伯来文单词和四个希腊文单词被翻译为"饶恕"，这些词是同义词，在意思上仅有很小的差别，主要意思为"遮盖、除去、宽恕以及给予仁慈"。

饶恕意味着我们选择放弃惩罚，宽恕冒犯我们的人，意味着让伤害翻篇，接纳冒犯我们的人重新进入我们的生活。饶恕不是一种感受，而是一个决定，代表着被冒犯的人决定消除阻隔，继续双方的关系。

若你是被冒犯的一方，饶恕代表你不会寻求报复，你放弃讨回公道，不再让那个伤痕继续影响你们的关系。饶恕会带来关系的和解，但这并不意味着信任即刻就恢复，我们会在后面的章节里讨论这个问题。和解意味着双方愿意让这件事过去，共同面对未来。

饶恕的过程

在**饶恕的过程**里面,道歉是非常重要的一步。这个过程是:产生伤害、作出道歉、给予饶恕。

在人与人的关系层面,道歉是饶恕过程中的关键一步。因此本书的前半部分详述了如何有效地道歉。然而,一旦道歉,被冒犯的一方就需要作一个选择:饶恕还是不饶恕。如果选择饶恕,双方关系的和解之门就被打开了;如果选择不饶恕,势必会使双方关系进一步恶化。

对方不肯道歉时

如果冒犯我们的人不向我们道歉,怎么办?这时我们需要怀着爱心提醒他。一旦发生了冒犯,对方没有马上道歉,你要去提醒他,向他表明你希望他可以道歉,如果这个人道歉了,你就饶恕他。无论这人犯了多少次错,如果他愿意回心转意来道歉,我们就要饶恕他。

可是,即使我们已经提醒了他,他还是拒绝道歉,怎么办呢?那么,我们就要再次去提醒,指明他对我们的冒犯,给他机会道歉。

你可以第二次甚至第三次去找这人,每次你去都是为了饶恕,并寻求和解。最终,这个人还是有可能不愿意认错道歉,

第九章
学习原谅

不需要你的饶恕,即便如此,你仍要找他,劝诫他,希望他将来可以为他自己的错悔过,经历饶恕。

有时候我们人际关系中的一些小小的烦恼和不快,比如,配偶没有按照我们的方式把碗碟放进洗碗机,我们可以跟配偶交流,希望配偶改变,但如果配偶不愿意那样做,那不是道德上的罪。我们对很多关系中的不快可以不必那么在意,也可以学习忍耐和接受。但是,道德上的问题则会破坏双方的关系,只有通过道歉和饶恕才能重建。

即使对方没有使用你的道歉语言,也请饶恕他

有一次,一位母亲对我说:"听了道歉的五种语言后,我比较容易饶恕我的儿子了。我家老大今年30岁了,他做了错事会道歉,不过他每次都说一句:'对不起。'对他而言,这就是道歉了,可我心中还有很多的期待,我希望听他对我说:'我错了,你愿意原谅我吗?'可惜他总是只说'对不起'。

"以前,大部分时候我都原谅了他,但我总是怀疑他的诚意。听完你的演讲后,我明白了,他是真心的,只不过是用他自己的道歉语言。虽然他没有使用我的道歉语言,但我也相信他是真心的,所以我更愿意真心地原谅他。"这位母亲说。

轻易饶恕的危险

很多人从小就被要求，必须马上宽容地饶恕对方。如果对方道歉，不论使用哪种道歉语言，我们很可能都会饶恕他，而不去质疑对方是否真诚。但这样做可能招致恶果，因为对方的破坏性行为没有得到有效的制止，反而受到了姑息和鼓励。

丽莎和金结婚不到一年时遭遇了她所谓的"各种压力"：搬到一个新的城市，两次卖房买房，丽莎不断生病，金换了新工作，金的父母离异，金的父亲曾声称要自杀。在丽莎写给我（詹妮弗）的信里，她提到最后一个致命的打击："最后，我丈夫出轨了。"

我仔细阅读了丽莎的来信："我觉得我要饶恕他、爱他。我这样做了，我说服自己，在我们经历了这么多事之后，任何人都有可能犯错。所以我爽快地饶恕了他，后来在他面前也只提过两次这件事。可是，一年以后，他居然又和另一个女人偷情。这次我没有轻易放过他，让他吃了一点儿苦头，承担了一些后果。在他跟我说'对不起'，表示'后悔'后，我饶恕了他。"

"8年过去了，我丈夫继续和别人保持婚外情，我并不知道，直到有一天我接到他的一个电话，他对我说：'我爱上了另外一个女人，今晚我不回家了。'我这才醒悟过来。我终于下定决心，换了所有的门锁，要求他到律师事务所签了分居协议。"

第九章
学习原谅

丽莎与金分居了一年，正是在这一年中，他们开始真正修复受伤的婚姻关系。她说："我们经过很多辅导，还设立了很多健康的界限，我们的感情终于恢复了，一起庆祝了结婚14周年。"

丽莎说得没错，这是令人意想不到的美好结局，尽管如此，丽莎还是后悔自己没能及时采取坚决的行动，导致金的欺骗行为维持了这么长的时间。她说："我相信，如果早一点儿了解和学习道歉的五种语言，我就能够更好地判断金道歉的诚意，在婚姻中可以早点确立明确的界限，就不至于在关系里软弱和依赖，还骗自己说这是在饶恕对方。我对什么是真诚的悔改会有更好的分辨能力，我们就不必在难以忍受的痛苦里挣扎这么多年。"

我想，丽莎说得没错，让一个人对自己的负面行为负责，是对这个人爱的举动。如果早些了解道歉的五种语言，丽莎很可能在第一次遭受伤害时就鼓起勇气对丈夫说："我非常爱你，所以，我不能轻易放过这件事，如果我们不接受进一步辅导的话，我不能继续我们的婚姻关系了。我们的关系对我来说太重要了，我不能把这件事当作一个小小的冒犯。"如果出现了重大的道德品行问题，我们必须消除这种行为背后的原因，否则不可能期待会有真正长久的改变。

道歉的五种语言
When Sorry Isn't Enough

"给我一些时间"

之前我们提到，对于道歉有两种常见的反应：饶恕或者不饶恕。但是实际生活里还有第三种可能的反应："给我一些时间，我需要好好想想。我想原谅你，但我需要时间来消化这所有的事情。"

有时，我们受到的伤害太大了，以至于我们的情感、精神和身体方面都受到了重创，无法真正饶恕对方。我们需要花时间治愈内心的创伤，需要花时间获得情感的平衡，甚至身体的健康，这样也会让我们拥有饶恕别人所需的能力。我记得一位丈夫曾说过："我妻子第一次吸毒后说谎了，她向我道歉时，我觉得她真的后悔自己的所作所为，我就选择了原谅她，也努力地经营我们的婚姻。那时我真心相信她再也不会那样做了。可是，事到如今，她一次又一次地吸毒。她进过戒毒中心，参加一个戒毒项目，可是离结束治疗还有3个星期，她就离开了。她说她靠自己可以搞定，结果，她搞不定。不到一个星期就复吸，又变得不省人事。

"这一次她求我再给她一次机会，她说会坚持把治疗做完，我也愿意支付治疗的费用，可是我不知道我能不能原谅她了，我觉得心力交瘁，我愿意为这件事祷告，但这会儿我不愿意看到她。"这位丈夫说。

我很同情这位丈夫。谁都能理解他为什么不愿意饶恕。谁

/ 第九章 /
学习原谅

也不会那么狠心,硬要求他立刻原谅自己的妻子。谁能向他保证他妻子这次道歉一定是真心的呢?而且,谁又敢向他保证这样的事不会再次发生?因为,根据以前的经历来看,事情的结果很不乐观。

这位丈夫痛苦地说:"我很爱自己的妻子,她也对我说她爱我,可我无法相信她的话了!你如果真爱一个人,你怎么会这样做呢?这样的爱也太奇怪了吧!我希望将来有一天我可以原谅她,我也希望她这次是真心悔改,我希望她意识到自己走错了路。但现在,我不知道未来会怎样。"

这位丈夫非常想饶恕自己的妻子,他希望拥有一段真正的爱情,但他现在无法确定自己是否可以饶恕她。时间会给出所有的答案。他其实也在给双方机会,愿意祈祷和等待。有时这是唯一现实的方法,可以帮助我们饶恕对方。在此期间,他必须来处理自己的情绪,防止自己内心受到的伤害变成痛苦和仇恨。

信任:一株娇嫩的植物

这里,我们讨论一下重建信任的问题。饶恕不等于信任。因为饶恕是一个决定,当一个人听到真诚的道歉,他可能马上就饶恕了对方。但是,信任不是一个决定,它是一种**情感**。信任是一种从内心深处发出的信心,相信你会说到做到。

很明显，信任需要这种认知作为支撑点——"我选择相信你是一个正直诚实的人"。这是一种基于信任的说法。然而，这句话根植于情感的土壤。信任是一种情感上的感觉，和你在一起，我可以放松自己，不必满心狐疑，我可以放下自我防卫，因为你绝不会有意伤害我。

在大多数的关系里，信任会在关系发展的初期建立起来。除非我们过去受过深刻的伤害，否则我们都倾向于认为人们就是他们声称的那样。在关系的初期如果没有发现什么可疑的迹象，那么我们最初的信任就得到了肯定和加深。

因此，信任在健康的关系里是一种正常的情感状态，朋友之间会彼此信任，夫妻之间亦然，亲密的职场伙伴通常也是彼此信任的。但是，一旦信任受到了某种破坏和背叛，即使对方作了道歉，你也原谅了对方，信任还是无法立刻恢复如常，原来关系里的信任感有降低，因为这个人被证明是不可信的。一个诚实的人很可能会说："因为我相信你的道歉是真诚的，所以我原谅你。但说实话，我不像过去那么信任你了。"

我喜欢把信任想象成一株娇嫩的植物，信任一旦被破坏，犹如一株植物被人践踏，倒在地上奄奄一息。也许雨水和阳光最终会让它重新站立起来，但这不可能在一夜之间发生。那么，信任遭到了破坏以后，我们如何重建它呢？答案是每天注入一丝信任的涓涓细流，使它可以逐渐汇聚成海。真诚的道歉，加上真心的饶恕，可以为信任的成长打开大门。信任怎样

/ 第九章 /
学习原谅

成长呢？按照我以往辅导夫妻所积累的经验，如果冒犯者愿意公开自己的私生活，接受被冒犯的配偶的监督和审查，会比较容易带来好的结果。

举例来说，如果双方因为财务方面的困扰引发了冲突，那么，冒犯对方的人就应该有这种态度："这是支票簿，这是银行账号，这是股票，你随时可以查看这些东西，我没有其他的账户了，我会把你介绍给这些账户的管理人员，让他们知道你有完全的权限。"

如果冒犯来自性关系方面的不忠，那么你应该允许配偶对你的手机、电脑和一切的社交工具有完全的权限，给出你所有的时间的安排表，允许配偶随时打电话查岗。信任只能从完全向对方敞开自己而获得，隐瞒绝不可能产生信任。因此，如果你让自己在接下来的时间里值得信任，那么你的配偶可能会再次信任你。相反，如果你继续说谎、欺骗、隐瞒和找借口，信任将永远无法重生。诚信的阳光雨露是信任生存的唯一希望。

因为重建信任需要时间，是一个逐渐形成的过程，有时有人会对我说："我以为我已经原谅我的配偶了，可有时候我又觉得我没有，因为我真的不信任他。"这样的挣扎和疑惑是因为他混淆了饶恕和信任。总的来说，饶恕是一种选择，它愿意取消对对方的惩罚，允许对方回到你的生活，这样你们的关系可以继续发展。而信任感则不一样，需要经过不同的阶段才能恢复。当对方的行为持续发生改变，你对他的感觉越来越舒服和积极正面,如果这种情况持续下去时,最终你就会再次完全信任对方。

完成整个过程

饶恕还具有非常大的能量,可以为关系注入全新的可能性。如果受害方选择不饶恕,则等于宣布了这段关系的死刑。没有饶恕,关系就会消亡。有了饶恕,两个人的关系就有可能变得充满生机和更加丰富多彩。

饶恕的力量是不可估量的,它是每一个真诚的道歉的目标。如果没有得到饶恕,道歉就如同断了的电线一样,让整个电路都瘫痪了。单凭道歉是无法恢复关系的,道歉是一个请求,求对方饶恕自己,而饶恕是一份礼物,最终会修复你们的关系。如果我们两个人是好朋友,你不公正地对待我,破坏了我们的友谊,可是你很快向我道歉了——我们关系的未来不取决于你得罪我或是跟我说抱歉了,而取决于我愿不愿意饶恕你。饶恕为整个过程画上了完美的句号,带来了关系的和解。如果不能获得饶恕,道歉的目的就落了空。

饶恕不能带来什么

让我快速补充一点,饶恕不能消除所有错误造成的后果。如果一个丈夫失去理智,对自己的妻子大打出手,一拳打在她

第九章
学习原谅

的脸上,把她的下巴打碎了。事后,这位丈夫可能真诚道歉了,妻子也真心饶恕了他,但妻子的下巴还是被打碎了,很可能在接下来的几年中都会给她带来很大的麻烦。又或者,如果一位十几岁的女孩儿不顾父母的规劝,受到同伴的唆使,禁不住诱惑,吸食了毒品,结果该毒品损伤了女孩儿的大脑。事后,那个唆使女孩儿吸毒的同伴可能会真心地频频道歉,如果女孩的大脑没有损害得那么严重的话,女孩儿也向自己的父母道了歉,父母也许愿意真心地饶恕女儿和唆使这个女孩儿吸毒的同伴,但这个女孩儿的大脑遭受的损害是无法挽回的。

以上的事例说明一个基本的生活现实,也是第一个需要我们了解的真相:当我们说了对对方有害的话,或做了对对方有害的事时,即使后来我们获得了饶恕,那些话语和行为所带来的恶果也是永远难以完全消除的。

第二个需要了解的真相是,饶恕并不能消除所有痛苦的情感。一位妻子可能原谅了发火时殴打她的丈夫,可是,当她回想起他的所作所为,她可能会再一次感到失望、受伤和被拒绝。饶恕不是一种感觉,它是一个承诺,不管对方做了什么,都要接纳他。它是一个不要求正义,而表示仁慈的决定。

第三个需要了解的真相是,饶恕也不可能消除对整个事件的记忆。人们时常会说,我们要饶恕并要忘记,但实际情况是,我们永远不会忘记。生活中发生的每一件事都会被记录在我们的大脑里。每一件事都有可能一次又一次地回到我们的意识里。

如果我们选择了饶恕，我们可试着慢慢地接受这段记忆，以及受伤的感觉和我们的所思所想，我们的情绪感受。然后，我们可以做一些事来善待对方和爱对方。我们选择关注未来，而不是任由我们的头脑被那些我们已经原谅的过往的错误缠绕。

假设你已经准备好了，愿意向对方表达饶恕，你该如何用语言表达呢？以下是一些建议。

表达饶恕的话

你的话深深地伤害了我，我相信你已经意识到了。谢谢你向我道歉，因为如果你没有道歉，我觉得我不可能饶恕你。但是现在我看到了你的诚意，我想让你知道，我饶恕你了。

我还能说什么呢？你的道歉打动了我，我也非常在乎我们之间的关系，因此，我决定原谅你。

我不确定自己是否能真诚地说出这句话。你的所作所为让我伤心欲绝，我怎么都想不到你能做出这样的事来。但是我爱你，我相信你是真心来道歉的，所以我饶恕你。

你在工作方面的失误使我损失了时间和金钱。我想原谅你给我造成的这个大麻烦。好吧，我相信，只要你的改正计划可以正常实施，我是可以饶恕你的。

/ 第九章 /
学习原谅

我知道,你放下自己的骄傲说这一句"我错了"有多难,在我的眼里,你确实有不小的成长,我真的原谅你了。

> 讨论:
>
> 你发现你什么时候最难饶恕别人?你认为为什么会出现这种情况?
>
> 为什么说太容易饶恕会带来危险?

/ 第十章 /

疗愈家庭关系

第十章
疗愈家庭关系

卡伦特跟我们分享了与父亲和解的美好见证：

五年级的时候，我的父母离异了。从那时开始，我每次去看父亲时，都觉得他不关心我，不想和我在一起。他后来再婚了，又离婚了，然后又是再婚和离异。我不再去看他了。最后，我和弟弟跟父亲说，我们不想再和他有任何的联系。后来，我弟弟自杀了。此后5年，我没有和父亲说过话。

那段时间里，父亲想办法和我联系了几次，但是他每次都试图解释为什么他是对的，而我是错的，接下来的几年我们就互不来往了。后来我意识到需要饶恕自己的父亲，决定再给他一次机会。所以有一天，我拿起电话打给他，虽然我们在电话里没说几句话，却为父亲和我关系的重建打开了一扇门。

我打那个电话是在20多年前了，此后我和父亲一直保持着正常的关系，父亲现在得了阿尔茨海默病，我们的互动也作了不少的调整，但我仍然感到非常欣慰，因为我和父亲共度了许多美好的时光。

现实生活中，很多父母与儿女的关系破裂。有的人，像卡伦特，找到了疗愈和恢复关系的方法，但另外一些人并没有这么幸运。

几年前，我的儿子德里克在读研究生，那时候他在旧金山的海特—阿什伯理区的一家教会里工作。他们开展了一个项目，关心那些移居到这个城市的年轻人。这些年轻人希望在这里过上美好的生活，却落得无家可归的下场。这个项目开展了3年，最后一年，德里克告诉我："爸爸，我在街上遇见的那些流浪汉，他们和自己父母的关系几乎都很疏远。大多数的人多年不和家人联系。"我听了以后非常痛心，就问儿子是什么样的家庭关系导致了这种疏离。

德里克告诉我："他们中有很多人在言语、身体，甚至是性方面遭受了父母的虐待，这些孩子长大以后就离家出走了，再也没有回头。另外一些人虽然从小生长在相当稳定和不错的家庭里，但到了青少年时期开始吸毒，父母想办法帮助他们，但是最后父母绝望了，放弃了，让他们自生自灭。"

浪子

我曾经花了一个星期的时间和德里克一起到旧金山的街头，看望与德里克建立了关系的几个人。当我听到这些年轻人的故事后，心中不禁会想，在远方的城市或者乡村，有多少父母每天都在为自己的孩子祈祷，希望他们可以回家。我想起浪

/ 第十章 /
疗愈家庭关系

子回头的故事。小儿子问父亲，他是否可以现在，而不是等到将来父亲去世时，就得到属于自己的那份遗产。父亲同意了。小儿子口袋里装满了钱，户头里也有不少的积蓄，他离家出走了。小儿子过着纸醉金迷的生活，时间不久，就身无分文了。他只好以给人养猪为生。

终于有一天，小儿子一觉醒来，忆起家中的美好，决定回家，向父亲道歉，请求父亲收留自己，可以在家里的农场里当雇工。最终，小儿子长途跋涉回到了父亲的身边，诚心诚意地向父亲道歉，并表示自己愿意在家里的农场打工。出乎他的意料，父亲完全饶恕了他，而且，父亲没有把他当作雇工，而是把他当作失而复得的心爱的儿子来对待。

我看着这些旧金山街头的年轻人，心想，如果这些孩子肯道歉，也许他们就可以和父母化干戈为玉帛了。

愿意先向父母道歉的孩子

确实，那些遭受自己父母虐待的孩子，也需要父母向他们道歉。但是，如果孩子们不先伸出和解的手，双方和好的程序就无法开启。父母无法找到失联的孩子，然后开口对孩子道歉。我记得玛茜的故事，我在中西部一个小镇举办婚姻讲座时遇到了她。玛茜小时候受到父亲的虐待，这件事严重影响了她与丈夫之间的关系。在丈夫的一再要求下，玛茜接受了辅导，很快就发现了自己的问题起因。玛茜决定面对父亲，解决这个很久以来的问题。玛茜知道，这个问题不是由自己引起的，但她也知道，这么多年来，自己一直在怨恨和恼怒父母，已经很多年没见过他们了。

在辅导员和丈夫的帮助下，玛茜打电话给父母，问父母自己是否可以回家看望他们，父母同意了。

玛茜回忆说："这是我一生中最长的旅程，那次谈话也是我一生中最艰难的时刻。那时我还不了解道歉的五种语言。但我心里清楚，我需要先跟他们道歉。现在回想起来，我觉得我努力说出了所有的五种语言。"

玛茜回忆，她是这么跟父母说的："我是来道歉的，因为这么多年来，我一直对你们心怀愤怒、痛苦和怨恨，不与你们来往。我知道自己这样做是不对的，对于失去的岁月我感到万分抱歉。我不知道要怎样才能弥补这一切，但我愿意努力补偿你们。我希望未来的日子里我们的关系可以改变，我这次回家想问你们，你们是否愿意原谅我。"

玛茜告诉我们，到后来她父母都哭了起来："我妈妈先来拥抱我，然后我爸爸也拥抱了我，他对我说：'太好了，太好了。'接下来发生的事我都没有想到，我爸爸含着眼泪对我说：'我会原谅你的，女儿，可是首先有很多事需要你原谅我。我知道我当初那样对你是不对的，我从来没有告诉你妈妈。不过我想，现在是她该知道实情的时候了。我流了很多的眼泪，希望你妈妈也可以原谅我。'

/ 第十章 /
疗愈家庭关系

"我拥抱了爸爸,对他说:'我原谅你了。'

"我母亲看着我爸爸说:'我不知道我能不能原谅你,想想吧,这么多年了,我不能和我的宝贝女儿在一起。'

"接下来的两个小时里,我们边聊边抹眼泪。我鼓励父母去接受辅导,帮助他们走过这段困难的时光。对我们所有人来说,这是医治之旅的开始。"

在这里,我必须清楚地指出,如果玛茜的父亲没有对他的错误道歉的话,双方的关系是无法重建的。玛茜不可能代替她的父亲道歉,只有父亲自己才能为他自己的错误道歉。玛茜是为她做得不好的地方道歉的,这是我们所有人都能做到的。但是,很多时候,当我们愿意开口道歉时,我们所做的会创造出一种情感氛围,带动对方更容易为自己的过错道歉。我禁不住想,那些在旧金山的大街上与我交谈的年轻人,如果他们愿意踏上这条道歉之旅,会有多少人像玛茜家这样实现破镜重圆呢?

向长大成人的孩子道歉

下面,我们来看看关系中的另一方。天下没有完美的父母,我们也看到年轻人接受了父母的道歉,真心地饶恕了他们的严重错误。因此,如果你与长大成人的孩子关系疏远,为何不鼓起勇气主动向孩子道歉呢?上面的例子中,如果玛茜的父亲主动承认自己的错误，寻求女儿的饶恕，可以避免多少年的痛苦呀？在这个情感医治的过程中，玛茜的父亲若主动道歉，会感到尴尬，可是道歉可以消除多年的隔阂，付出点小小的代价难道不是非常值得的吗？虽然很多伤害都没有虐待那么大的破坏性，但是，当我们错待了自己的儿女，必定会带来负面的影响。因此，我们需要承认自己的错，请求孩子的饶恕，才能拆除挡在双方关系之间的高墙。

辨识关系里面的紧张气氛

很多时候，父母与子女之间的问题并不见得是道德层面上的，而是一些不适合的行为。在一次单身课程里，我讲述了父母与子女之间的关系，课后，布林达走过来问我："我能跟您说说我的故事吗？"我回答："当然。"

她告诉我："我的父母都是非常好的人，他们为我付出了很多，但是，问题恰恰就出在这一点上，他们为我做的太多了。我是独生女，他们两个人都对我倾注了全部的热忱，他们的人生观是：'让我来为你做。'因此，在我成长的过程中，我觉得自己没有能力做任何事情。我记得大概7岁时，有一天早上，我自己整理了床铺，几分钟后我妈走了进来，说：'噢哟，我的天，瞧瞧这乱成什么样子了。'然后她就按她的方式重新铺了一遍床。我想她一定没觉得自己做错了什么，但是这让我产生了一种一无是处的感觉。我在大学里面过得相当失败，很大

/ 第 十 章 /
疗愈家庭关系

的原因就是我的自我价值感很低。"

布林达继续说:"我很爱自己的父母。我觉得他们婚姻中有很多的问题,给他们带来了不安全感,于是两个人都以照顾我的需要为他们唯一的满足。我希望他们可以互相照顾,让我学会照顾自己。我很想告诉他们我的感受,可是我又不愿意伤害他们。我妈还奇怪我为什么不怎么爱回家呢。"

我非常同情布林达。我见过很多年轻人,在同样的关系模式里挣扎。这些人的父母通常在贫穷的家庭长大,通过努力工作获得了成功,当他们成功后,非常想为孩子多做点什么,来弥补以前因工作原因而在孩子小的时候没有为他们做更多的事。但事实是,他们做得太多了,以至于孩子没有机会学习自己去做事。这些父母的"好意"造成了孩子在很多方面对他们的依赖,其中最明显的是财务方面。这样成长起来的年轻人不了解金钱的价值,没有什么动力去工作。他们不仅在财务方面出现管理能力的不足,在与人相处和情感管理方面也都有问题。

如果你有刚刚长大成人的孩子,你发现与他之间的关系紧张,或者你觉得他在生活的各个方面表现不佳,你可能需要认真思考一下自己的养育方式,也许,是时候向孩子道歉了。

即使不是有意伤害,也应道歉

也许你会说,你并不是有意要伤害孩子,你只是想照顾好他们。但是，你的所作所为却给子女增添了困难。你现在道歉，虽然不能让孩子在情感管理和人际关系上的问题马上解决，但可以带来关系的改善，至少，你的道歉向孩子传递了一个信息，那就是你已经认识到了自己的错误，并且勇敢地承认了错误。其实孩子早在多年前就已经发现了这些问题，他们只是不愿意告诉你。

如果你知道自己孩子的主要道歉语言，在你的道歉中请务必使用它们，如果你不太清楚，我们建议你把五种道歉语言统统用一下，那你绝对可以命中孩子的主要道歉语言。

举个例子来说，如果你孩子的主要道歉语言是承认过错，他希望在道歉里听到你说："我错了。"如果你没有说，那么道歉的效果很可能会大打折扣，关系也并没有真正和解。只有真诚的道歉才能帮助人们打开心门，饶恕对方，才可能带来真正的和好。

向兄弟姐妹道歉

在成长过程中，大多数兄弟姐妹都会说或做一些彼此伤害的事情。如果没有人教他们道歉的话，这些伤害很可能变成关系里的情感障碍。我记得麦克就是为此来找我寻求辅导的。他告诉我："有一件事始终困扰着我，我和弟弟之间的关系非常差。事实上，我已经有 5 年不跟他说话了。自从我母亲去世以后，我就觉得没有必要再跟他来往了。"

墓碑引发的争吵

我好奇地问:"到底是什么引发的呢?"

麦克说:"葬礼结束后,我和妹妹去找他,说要给母亲立一块墓碑。他居然说,他觉得买墓碑没有任何意义,完全是浪费钱。我一听气坏了,告诉他,他要是这么想的话,那今后我也觉得和他在一起没有任何意义。就这样,我和妹妹花钱买了墓碑,从那以后,我就再没有见过他。以前,我并没为这件事烦恼,但现在,我觉得我为了那件事指责他是不对的。"

我问麦克:"你和弟弟之间的关系,在你们母亲去世以前怎么样?"

他说:"我们相处还不错,虽然不是特别亲密,但我们没吵过架,我们彼此尊重。后来母亲生病了,我觉得他不怎么来看母亲,我每天都去看她,我妹妹也总去,但是他可能一星期去一次,我为此已经对他很不满了。我想,那块墓碑只是压倒骆驼的最后一根稻草。"

我又问:"你们的父亲是什么情况?"

麦克回答:"我们小的时候,父亲就丢下我们走了,我好多年没见过他了。我母亲没有再婚,她一辈子都在辛辛苦苦地工作赚钱，把我们几个孩子拉扯大。我觉得这也是我生弟弟的气的原因，你看看他对母亲是什么态度！"

我说："我很理解你为什么会生气，如果是我，我也会非常生气的。不过，你说你再也不想见他了，也是有点反应过度了。"

麦克回答："是的，我那时候气坏了，那一刻我真是那么想的。不过，我现在知道我要尽力挽回这段关系。两兄弟住在同一个镇子上，却谁也不理谁，这是不对的。"

我接着问："你弟弟向你道过歉吗？"

他想了一会儿，说："我不记得是否听到过他跟我道歉。不过他确实和我妹妹说过，他很后悔在妈妈生病时没有多去看看她。我听了也有点欣慰，不过那时已经太晚了。"

我给麦克解释了道歉的五种语言，并且告诉他，我问他有没有听过弟弟道歉，是为了搞清楚弟弟的主要道歉语言是什么。我向麦克解释："通常情况下，人们会用自己希望听到的道歉语言来向别人道歉。你弟弟跟你妹妹聊起他自己曾经的所作所为时很后悔没有多去看望生病的妈妈，我猜想他道歉的语言是**表达悔意**，类似'我很难过，我对自己所做的感到很伤心'之类的话。"

第十章
疗愈家庭关系

"我真的非常想念你"

我向麦克提出建议:"所以,我建议你跟你弟弟联系一下,向他道歉,为你对他说话的方式道歉,还有你对他说的关于母亲墓碑的事。"

他喃喃地说:"我很难做到。"

我点点头,说:"你说得没错,这可能是你一生中最难的事之一,但也是最美好的事之一。"接下来,我和麦克商量了一下,把要说的话写了下来,内容大致如下:

> 我意识到在妈妈的葬礼后,我们谈论墓碑的时候,我对你反应过度了。我为对你说了那些话而感到内疚。我知道我那样是不对的,从那以后我常常想起这件事,非常后悔自己说了那些话,不知道你是否愿意原谅我。我想请你原谅我,如果我可以做些什么来弥补,我是很乐意去做的。我对自己那样对待你感到非常难过,我也非常后悔说过"我不想再见到你"的话。我真的非常想念你,我知道说出去的话,就像泼出去的水一样,不能再收回了,但我确实想说,我真的非常后悔说过那些话,我心里并不愿意那样,我希望你可以原谅我。

麦克大声念完了这些道歉的文字,泪水涌上了他的眼眶。"我真的是这么想的,我希望有机会告诉他这些话,接下来我该怎么做？"

我告诉他："你最好给他打个电话，问问他你可不可以哪天晚上去看他几分钟。如果他拒绝了，那你就等一个月再给他打电话。不过，我感觉他会同意的。如果这样的话，你去了以后，不要多花时间闲聊，直奔主题，告诉他你是专门来为一件困扰你很久的事情道歉的。你们会面之后，可不可以给我打个电话？我想知道你们谈得怎么样。"他答应了，并感谢我花了这么多时间来帮助他。

弟弟的回应

6个星期过去了，麦克终于给我打电话了，告诉我他想尽快见到我，我高兴地说："太好了，我非常想听听你们见面的情况。"

过了几天，麦克来到我的办公室，告诉我："我幸好听了你的建议，真的无法形容我现在有多高兴。虽然说这是我一生中做过的最难的事情之一，可当我鼓起勇气向弟弟道歉时，我弟弟哭了。他告诉我：'我也知道我当时那样说话不对，我应该和你们一起给妈妈买墓碑，我也不知道我那会儿是怎么了，我从来不喜欢感情用事。但我如今知道了，我那样不对。一开始我对你的反应很生气，不过，后来仔细想了想，你要说什么是你的自由，如果换作是我，说不定也会那样说。所以我想说的是，如果你愿意原谅我，我也愿意原谅你。'

/ 第十章 /
疗愈家庭关系

"我们抱头痛哭了很久,然后我弟弟说:'你告诉我那个墓碑花了多少钱,我想把我该付的一份给你和妹妹。'

"我跟他说:'不需要了,对我来说,我们可以和好已经是最大的补偿了。'

"可是我弟弟还是很坚持,说:'我知道你的意思,不过我想为了我自己和妈妈这样做。'他是流着泪说的。

"我说:'好吧,我找找当年的发票,把价钱告诉你。'然后,我们坐下来聊了自从妈妈走了以后我们各自的生活,聊了一个多小时。那真是一段美好的时光。我感觉,我们的关系已经恢复了。下星期,我和妻子邀请他和他太太来一起野餐,我们很期待听他们这些年发生的事。我真的特别感谢你,让我有勇气向弟弟道歉。"

我说:"我也特别高兴你能够完成这一切。其实,在人与人的关系中,几乎没有什么事,能比学习承认错误、向我们伤害过的人真诚地道歉更有力量的了。"

我相信,兄弟姐妹之间有了冲突,如果有人可以迈出第一步,主动道歉,亲人之间的关系是可以改善的。虽然,我不敢保证所有的道歉都会像麦克那样成功修复关系,但我可以保证,只要有人选择道歉,关系总会变得更好的。

如何向姻亲道歉

如今的社会，大家都喜欢拿婆婆的事情开玩笑，以致很多人都不敢在别人面前承认自己与婆婆的关系很好。当然，如果一个人的婆婆常常以自我为中心，那么这位婆婆就如同"肉中刺"一般，会带给人很大的痛苦。这一部分我们将讨论如何更好地与公公、婆婆，或者是儿媳、女婿相处。姻亲关系难处理的原因在于，婚姻是将两种完全不同的家庭传统和家庭模式硬生生地绑在了一起，这样的结合不可避免地会产生冲突。如果不能处理好这些冲突，就可能会带来旷日持久的姻亲问题。

几个月前，一对老夫妻来到我的办公室，妻子凯瑟琳告诉我："我们不理解我们的儿媳妇，她居然告诉我们，不希望我们没有先打电话给她，没问她方不方便，就上门去看孙子。你说，这算什么事呀？"

她的丈夫柯蒂斯补充说："我小时候，爷爷奶奶每天都会来看我，那是我童年生活最美好的时光。我们很喜欢这个儿媳妇，当初，她和我们儿子亚伦谈恋爱，后来结婚，我们都非常高兴。可是如今他们有了孩子，她就变了。她为什么要弄出这么多事来，把每个人都搞得不开心？"

我听了以后，说："会不会是因为如今她又要当好妻子，又要当好母亲，还有工作要做，生活变得非常忙碌？如果你们没打招呼就过去可能会给她又增添了一份压力呢？"

/ 第十章 /
疗愈家庭关系

老两口听完我的话愣住了。我问:"你们的儿子、儿媳经常会让你们去帮忙照看孩子吗?"

凯瑟琳回答:"是呀,几乎每个星期都喊我们过去的。我们就是因为这个才去帮忙的。我们去帮忙照看孩子,他们小两口不是可以享受一下二人世界了吗?结果她却这样对待我们的好意。"

我努力向两位老人解释,每个家庭都有不同的生活观念,一代人与下一代人之间也存在着差异,我告诉他们:"你们童年的生活简单得多,容易得多,节奏也比较慢,邻居们互相串门是家常便饭。门廊里也都放着摇椅什么的,可你再看看如今,门廊和摇椅都成为旧时光了。现在的家里,有电视、电脑,孩子们要去上游泳课、舞蹈课、钢琴课,要去参加少年棒球联赛,家庭生活更加忙碌。对一个普通家庭来说,几乎没什么闲暇时光,这么一来,公公、婆婆随时过来看孙子,对于想把孩子们抚养成人的年轻家长来说,无疑是一个很大的压力。"

我告诉两位老人,儿媳妇请他们来之前先打个电话,确定一下是不是方便,这样做在时下的文化里是正常的。我向他们提议,抓住可以去照顾孙辈的每个机会,利用好这些机会跟他们共度美好时光。

接下来我建议两位老人向儿媳妇道歉,因为他们对自己突然造访给儿媳所造成的压力毫不敏感和在意。我看得出来,这

177

不是他们来咨询想要的答案，但我也看到，他们在努力理解我所说的话。我称赞他们来找我主动寻求帮助，而不是任由这种情况继续下去，任由哪天就说出或做出什么破坏性的事来，把他们和儿媳之间的关系彻底弄僵。

我诚恳地对他们说："你们现在与儿媳之间的关系处在一个非常关键的时期，我相信，你们真诚的道歉可以弥补已经造成的裂痕，让你们将来有更好的关系。你们知道自己儿媳的主要道歉语言吗？"看到两位老人茫然无知的表情，我知道这对他们来说又是一个新话题，于是我向他们解释了道歉的五种语言，以及为何要使用对方的主要道歉语言来道歉。

听完以后，凯瑟琳告诉我："我觉得她的主要道歉语言是**承认过错**。我记得亚伦告诉我们，只要他们小两口吵架，她都要他说'我错了'，只要少了这句话，说任何别的话她都不觉得他是在道歉。"

我听了以后说："好吧，让我们假设这是她的主要道歉语言，你们的道歉里面一定要包含这一点。不过，再多一些别的道歉语言也是不会有错的。"于是，我们花了点时间，把要道歉的话都写了下来：

> 亲爱的，我们发现，我们不打招呼就突然造访，给你、亚伦和孩子们无形中带去了不必要的压力。我们不想带给你们压力。我们现在已经明白了，这样做

/ 第十章 /
疗愈家庭关系

不对，希望你可以原谅我们。在我们小时候，生活和现在太不一样了，那时候生活节奏很慢，大家也都不打招呼就互相串门。不过我们知道今天的生活可不是从前那样了，生活里有那么多的压力，你又要工作，还要安排孩子们的各种各样的活动。我们愿意尊重你们的生活方式。我们很感激你们让我们照料孩子们，我们享受那些时光，所以有需要的话可以随时来找我们。我们今后不会再随随便便就跑过去了，而是会先打个电话，看看你们方不方便，如果你们不方便的话，我们也不会不开心，因为我们知道你们不容易，有时会有压力。我们特别爱你们两个，希望你们都开开心心、甜甜蜜蜜的，小日子过得红红火火的。我们要做家中宝，不要做老来烦。嗯，你们能原谅我们过去老是去烦你们吗？我们做错了，以后我们会改变的。

后来，从两位老人那里传来了好消息，他们的道歉十分成功，他们现在与儿媳的关系非常健康，他们说："我们觉得我们必须学会在 21 世纪生活。谢谢你帮了我们。"

只要有人愿意向对方道歉，并学会使用对方的道歉语言，大多数的姻亲关系是可以修复的。

其他的家庭关系也与此类似：爷爷奶奶和孙子孙女之间，姑伯叔侄之间，甚至是再婚家庭里，万变不离其宗。无论你们一大家子都生活在同一个城镇里，还是你们的亲戚散布在

道歉的五种语言
When Sorry Isn't Enough

全国各地,甚至是世界各地,平时得靠网络来联系,只要发生了冲突,学会道歉和接受道歉对修复你们的家庭关系都大有帮助。

> 讨论:
>
> 　　你经历过或者观察到在你的家里有什么破裂的关系,或者遭到破坏的关系吗?
>
> 　　本章描写过一种情况:在成长过程中,大多数兄弟姐妹都会说或做一些彼此伤害的话或事情。你的生活里有过这样的情况吗?你是如何处理的?
>
> 　　写道歉信在哪些方面可以帮助人们处理情感问题?你有没有写过道歉信给对方看?结果怎么样?

/第十一章/

选择饶恕自己

第十一章
选择饶恕自己

乔丹是众人心目中的模范少年，学习成绩优秀，足球明星，积极参与社会活动。但现在他正坐在我的办公室掉眼泪。这孩子是我从小看着长大的，我从没见过他如此崩溃。

一开始他说得很慢，努力抑制住抽泣："我真的完蛋了，我把自己的生活给毁了，我现在只想去死。"

我问他："你愿意告诉我究竟发生了什么吗？"

乔丹说："去年，我在学校里认识了一个女孩，她长得太漂亮了，放学以后，我会送她回家。我听她说，她爸爸4年前离家出走了，她妈妈晚上6点才下班回家。一开始，我们一起学习、聊天，后来，我们开始玩闹，没多久，我们就有了性关系。我知道这样不对，我也尽量小心，可是，她还是怀孕了，上个礼拜，她去做了人流。"

乔丹浑身都在颤抖，泪珠像雨点一样落在牛仔裤上。他沉默了整整一分钟，说："我让父母失望了，我也辜负了自己，辜负了她，我现在恨不得去死！"乔丹确实是少不更事，但是他很聪明，知道来寻求帮助。接下来的一年时间里，他一直来接受辅导，在我的陪伴下，他开始行动，向父母道歉，向那个女孩道歉，向女孩的母亲道歉，我也见证了他流泪忏悔，承认自己的罪，祈求饶恕，在我们的辅导即将结束时（那时他已经开始上大学一年级了），乔丹突然对我说："我觉得我还需要向一个人道歉。"

"哦，那是谁呀？"我不禁问他。

他回答我："我觉得我需要向自己道歉。"

"这太有意思了，你为什么有这种想法？"

他说："我一直都在自责，我总是回想起自己所做的错事，感觉很糟糕。我觉得我从来都没有原谅过自己。大家都原谅我了，唯独有一个人没有，那就是我自己，我想，如果我能向自己道个歉，我就能原谅自己了。"

我说："我想你说得太对了，为什么我们不现在就道歉呢？你想对自己说些什么？"

乔丹开始说，我则马上把他的话记下来："我想跟自己说，我真的错了，大错特错。我要告诉自己，我对此有多难过，多后悔！我要告诉自己，我得到教训了，从现在起，直到结婚的那一天，我都要保守自己的性纯洁。我想释放我的心，从苦水里面出来，得到自由，重新快乐起来。我想请求自己原谅自己，

第十一章
选择饶恕自己

帮助我在未来可以活出精彩的人生。"

我奋笔疾书,生怕遗漏乔丹的话。"稍等。"我说。然后我跑到电脑旁边,把乔丹道歉的话语都输入电脑,还加上了他的名字。我打印了一份,回到乔丹身边,说:"来,到这面镜子面前,向自己道歉吧。"我就站在一旁,听着乔丹对自己道歉。乔丹是这样说的:

> 亲爱的乔丹,我想告诉你,我错了,大错特错。乔丹,我想告诉你,我对此有多难过,多后悔!我想告诉你,我得到教训了。从现在起,直到结婚的那天,我都要保持自己的性纯洁。我想释放我的心,从苦水里面出来,得到自由,重新快乐起来。还有,乔丹,我想请求你饶恕我,并帮助我,好让我在未来可以活出精彩的人生。

念完这些,乔丹回过头来望着我。我对他说:"继续,读完最后一句。"他接着读道:"乔丹,因为我相信你的道歉是真心实意的,我选择原谅你。"

念完,他转过身来,我们拥抱在一起,泪水顺着他的脸颊淌下来。我们在因饶恕带来的激动中哭了整整一分钟。后来,乔丹读完了大学,如今,他已经结婚了,有了自己的家庭。在我们的辅导过了好几年后,他告诉我:"我人生旅程中最重要、最有意义的时刻,就是我向自己道歉、饶恕自己的那天。我想,如果没有那件事，就可能不会有后来这一切的美好和幸福。"

作为一名辅导员，我从乔丹的事件里亲身经历和学习了向自己道歉所带来的巨大力量。

我们是谁？想成为谁

为什么你要向自己道歉呢？通常来说，向自己道歉，与向别人道歉的原因是一样的：你想恢复关系。当你向别人道歉时，你期待道歉可以去除你们之间的障碍，使关系可以继续发展。当你向自己道歉时，你是在努力消除一种失衡，即你想成为的人（理想的自己）与目前的你（真实的自己）之间的情感失衡。理想的自己与真实的自己之间的距离越远，内心情感波动的强度就越大。当我们消除了理想的自我与真实的自我之间的差距时，我们就可以"与自己和平相处"。向自己道歉，被自己饶恕，可以帮助我们消除这个差距。

有时，内心的焦虑来自我们没能达到自己设定的道德标准。乔丹就是这样，他曾向自己保证，婚前绝不能有性行为。他也知道，有的青少年并没有这样的道德标准，但是他为自己立下了这样的誓愿。他相信这是合乎道德的标准，希望自己可以遵行这个标准。当他违反了自己的道德标准时，他就会感到焦虑和内疚，对他而言，理想的自己与真实的自己之间出现了巨大的差距。乔丹向所有的人道歉，恢复了自己与他们的关系，但

/ 第十一章 /
选择饶恕自己

直到他向自己道歉,他才恢复了内心的平静。

很多时候,人们会犯道德方面的错误。尼尔今年 45 岁,是两个儿子的父亲,儿子很小的时候他就教导他们要说实话。对他来说,做一个诚实守信的人非常重要,他希望孩子们不要说谎。有一年,他在填报联邦纳税申报单时,为了获得更多的减免额度,他"言过其实"了。当时,这似乎是一件无关紧要的小事,也没有什么恶果,但是,没过一个星期,尼尔就为自己的所作所为深感内疚,后来,他修改并重新提交了报税单,并向自己道了歉,饶恕了自己,才恢复了内心的平静。

说谎、偷窃、欺骗和不道德的性关系会打破我们内心所持守的道德标准,带来罪恶感与内心的焦虑。我们去向别人道歉,可以恢复人际关系,但是我们只有向自己道歉,饶恕自己,才可以去除焦虑,重新找回内心的平静。

并不是所有的错都涉及道德问题,或者是非常严重的大错,然而,当我们觉得自己行为不端时,我们对自己的看法就会受到破坏。很多时候我们内心对自己的期待都比较高,认为自己应该"更成熟一点儿",所以,一旦觉得自己不该犯这样的错,就会"痛打自己一顿"。

新英格兰来的艾伦说:"我简直不敢相信我会这么不成熟。我居然因为服务员算错了餐费账单而大发雷霆,对服务员大呼小叫,引得顾客纷纷对我侧目。唉!几个礼拜以来,那一幕还在我的脑海里盘旋，我原以为自己是个不错的人，但是现在，我真不知道该怎么看待自己了。"

艾伦的自我形象受到了损害，她理想的自己与真实的自己之间的差距给她带来了巨大的痛苦，艾伦需要向自己道歉。

还有一个例子，有一位雄心勃勃的商人戴维斯，在城里与另一位商人发生了争执，说了些不好听的话。戴维斯告诉我："我觉得，我真是搬起石头砸了自己的脚，我向那人道歉了，我想他也饶恕我了，可我还是很担心，生怕这件事会影响我的事业。我就是忘不掉这件事，也无法集中心思往前走，我甚至想过要不要离开这里，去别的地方从头再来。"这件事情让戴维斯非常焦虑，已经影响了他的事业。他需要向自己道歉，好让自己着眼于未来，而不是沉溺于过去的错误。

人们为过去所做的错事而痛苦焦虑时，通常会希望"忘掉这件事情"，可越想忘掉，这件事反而会在脑海里盘旋得越久。解决问题的方法是向对方道歉，然后向自己道歉，并饶恕自己。

对自己生气时

如果我们没能活出理想的自己，内心的状况就像被我们冒犯的人：我们生气了！这股愤怒是指向自己的，这种情况通常导致自我爆发，或是对他人发怒。

如果自我爆发，我们就伤害了自己；如果对他人发怒，就会损害我们和他人之间的关系。有时，我们是在内心斥责自己："我真笨！我蠢极了！我永远也做不好！我将一事无成！我在发什么神经？"这就是自我爆发式的愤怒。有时，这种自我爆发十分强烈，表现为自虐身体，例如割腕、撞头、挨饿。然而，以自我爆发和向他人发怒的方式来发泄对自己的愤怒，永远无法改善现状。

当你感到自己"搞砸了"时，对自己生气是正常的反应。只是我们需要用健康的方式来处理内心的愤怒。首先，向自己承认，你确实做了一件愚蠢的事，是错误的，伤害了别人和自己。其次，向你所冒犯的人道歉，希望他们可以饶恕你。最后，有意识地向自己道歉，并选择饶恕自己。

如何向自己道歉

向自己道歉需要**自我对话**。也许你听说过这样的话："精神有问题的人才和自己对话。"错！精神健康的人总是会自我对话——鼓励自己，给自己建议，问自己问题。有时，自我对话是大声说出来的，大多数时候，这种对话是在内心默默进行的。我认识一位女士，她告诉我："当我面临巨大的挑战时，我会一遍又一遍地大声告诉自己：**'你可以做到的。'**这种办法很管用！"

我建议，向自己道歉时说出声来，让你自己可以听到。如

道 歉 的 五 种 语 言
When Sorry Isn't Enough

果你知道自己的主要道歉语言，可以着重使用这种语言，也可以用其他四种语言作补充，满足自己的情感需要。

给乔丹做辅导时，我还没有进行道歉的五种语言的研究。不过，现在回想一下，乔丹在向自己道歉时，将五种语言使用得非常好。我猜想，他的主要道歉语言是承认过错，我这么说是因为他自我道歉时一开始就说："我错了，大错特错，我真后悔我做的事。"我发现，当人们向别人道歉时，很多时候会首先使用自己的主要道歉语言，他们说的那些话，是当他们自己犯错时，期待别人也会跟他们说的话。

我建议你在向自己道歉之前，先把道歉的话写下来。我们把乔丹的自我道歉作为一个范本，我们已经删掉他的名字，留出空白，以便你写上自己的名字。你也可以根据自己的需要来改变这些话的顺序，也可以改变一些用语。我们提供这个样本，只是为了帮助你开始向自己道歉。

　　　_____，我想告诉你，我错了，大错特错。

　　　_____，我要告诉你，我心里有多难过，多后悔！

　　　_____，我想告诉你，我得到教训了，我想释放我的心，从痛苦中解脱出来，得到自由，重新快乐起来。

　　　_____，我想请求你饶恕我，并帮助我，

/ 第十一章 /
选择饶恕自己

好让我在未来可以活出精彩的人生。

＿＿＿＿＿＿，因为我相信你的道歉是真心实意的，我选择原谅你。

把你想对自己说的道歉的话都写下来。你写完这封道歉信之后，我们鼓励你站在镜子面前，看着自己的眼睛，大声地向自己道歉。我们相信，向自己道歉，是使自己的心灵重获安宁的关键步骤。

饶恕自己意味着什么

饶恕自己，与饶恕一个冒犯你的人并没有什么区别。饶恕一个人，意味着你选择不再抓着他对你的冒犯不放，你接受他回到你的生活中，并继续建立你和他的关系。这个冒犯不再是你们关系中的障碍。这个冒犯好比你们之间的一堵墙，饶恕可以把这堵墙推倒，让你们双方再次顺畅沟通，试着用理解的心态，倾听对方的想法。饶恕使双方重新相爱。

饶恕自己也是如此。从根本上说，自我饶恕是一个选择。我们对自己的错误感到痛苦，心中后悔不已，希望自己没有犯过这个错，可事实上错误已经酿成。如果我们的错误冒犯了别人，我们已经向这些人道歉了，也许我们也已经忏悔了。我们还需要向自己道歉。现在，就是饶恕自己的时候了。我们必须选择这样做。自我爆发和向他人发怒都不会带来任何的帮助，都是具有毁坏性的行为。相反，选择饶恕自己会消除理想的自己与真实的自己之间的差距。在饶恕自己的同时，我们也是在肯定自己的崇高的理想。我们在承认自己的失败，也是在恪守我们对内心理想的承诺。

如同你写下自我道歉的话一样，我们也鼓励你把自我饶恕的话写下来。以下是一个样本，可以帮助你整理思路。

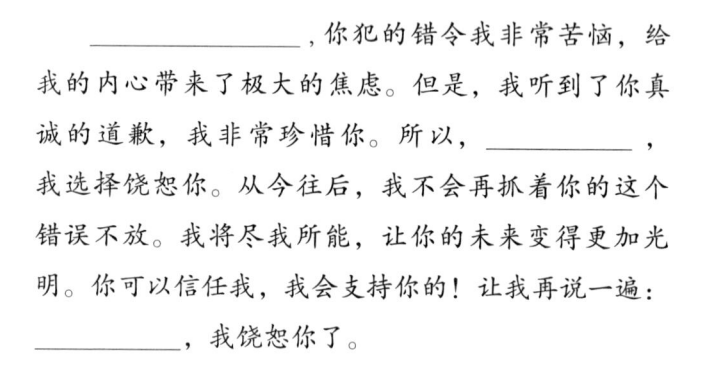

＿＿＿＿＿＿＿＿＿，你犯的错令我非常苦恼，给我的内心带来了极大的焦虑。但是，我听到了你真诚的道歉，我非常珍惜你。所以，＿＿＿＿＿＿，我选择饶恕你。从今往后，我不会再抓着你的这个错误不放。我将尽我所能，让你的未来变得更加光明。你可以信任我，我会支持你的！让我再说一遍：＿＿＿＿＿＿，我饶恕你了。

等你写完饶恕信，我们还是建议你站在镜子前，看着自己的眼睛，大声地告诉自己，你已经原谅了自己。

如同原谅别人一样，自我原谅并不一定能消除你的错误带来的所有痛苦和痛苦的回忆，也无法消除这个错误导致的所有后果。举例来说，如果你说谎，或是偷盗，你很可能仍要面对这些行为带来的后果，饶恕能做到的是把你从过去失败的枷锁中释放出来，给你自由去创造美好的未来。

/ 第十一章 /
选择饶恕自己

在错误中学习和成长

你现在可以改变自己的人生轨迹了。很多时候，人们会犯下一个错误：希望自己永远不要再想起自己所犯的错误。事实上，我们可以从失败中学到很多东西。我们可以问自己，"是什么原因导致我犯了这个错误？"而答案就是我们需要改变的地方。

举例来说，如果你酗酒或吸毒，那可能是你让自己置身于容易引诱你酗酒或吸毒的环境里。未来，你必须不让这样的事再次发生。如果你犯下了不道德的性行为，那你必须远离那些容易引诱你犯错的环境。

除了在过去的失败里学习之外，你还可以采取积极的措施，以使自己的未来变得更加光明。比如读书、参加课程班学习、与朋友们交流分享、接受辅导等。通过这些方式，你可以获取新信息和见解，引导自己未来的脚步。向自己道歉，再选择原谅自己，可以为你的未来增加一种可能性——一个更加光明的未来，超乎你的想象的未来。

> 讨论：
>
> 为什么有时候饶恕别人比饶恕自己更加容易？你经历过这样的事吗？
>
> 你对自我道歉里的自我对话有什么看法？你对这种自我对话，是感觉自然还是有些尴尬？你所处的环境背景如何影响了你对自我对话这个概念的看法？

/ 第十二章 /

真实的道歉,真心的饶恕

/ 第十二章 /
真实的道歉，真心的饶恕

史蒂文·斯皮尔伯格的获奖影片《林肯传》回顾了这位伟大的总统生平中一段困难的时期。当时他致力于美国黑人奴隶的解放运动，积极推动发表《解放黑人奴隶宣言》。影片成功地帮助美国人民回顾自己国家的那段悲惨的奴隶制历史。多年来，针对奴隶制所作的"道歉"、赔偿与和解，已经有很多报道。同样地，受到不公正对待的群体还有很多，如第二次世界大战期间被拘留的日裔美国人、美国向西部扩张时深受其害的印第安人，他们都得到不少道歉，获得了各种各样的赔偿。

时至今日，当我们的家庭和城市中的许多冲突在枪口的威胁下得到"解决"时，我们不禁要问：如果我们都学会更有效地向对方道歉，会发生什么？如果我们都愿意学会饶恕和接受饶恕，又会发生什么？

也许我们可以向一个 5 岁大的孩子学习。

我的孙女戴维·格蕾丝 5 岁那年，她的父母答应她来跟我们住一个礼拜，我和卡洛琳都高兴极了。那个礼拜过得非常有趣。不过，一次经历永远地刻在了我的记忆里面。卡洛琳有一个专门的抽屉，放着给孙子孙女玩的"小贴纸"。戴维·格蕾丝当然知道这个特殊的抽屉，她问奶奶可不可以给她一些小贴纸。卡洛琳答应了，告诉她可以从中任意挑选三张她最喜欢的小贴纸。

一两个小时后，我们的房子里到处都贴满了小贴纸，戴维·格蕾丝把所有的小贴纸都拿了出来，到处乱贴。卡洛琳对孙女说："我记得我告诉你只能拿三张，但是你却全部拿了出来。"

戴维·格蕾丝一句话也不说。卡洛琳继续说："你不听奶奶的话了！"

眼泪顺着她的脸颊滚落下来，她边哭边说："我需要有人来原谅我！"

我永远无法忘记孩子的这句话，也不会忘记她满是痛苦的小脸蛋。我的眼泪也流了下来，我一把抱住小家伙，说："小宝贝儿，我们所有人都需要有人来原谅，爷爷非常愿意原谅你，我相信奶奶也会愿意的。"卡洛琳听了这话，也过来抱住我们两个，我们和解了。

需要有人来原谅我

当我写这本书时，我时常回想起这一幕。我相信，对饶恕的需求是具有普遍性的，承认这种需要，是道歉的本质。

第十二章
真实的道歉，真心的饶恕

道歉出自一个很重要的认知，就是我的所作所为已经破坏了对方对我的信任，或者以某种方式冒犯了对方。如果我不承认过错，我们之间的关系就会破裂。我要么活在负疚感里，要么活在自以为是和骄傲里，而对方则会活在受伤、失望和（或）愤怒里。双方都知道那个错误行为已经破坏了我们的关系，如果谁也不愿意抛出橄榄枝，我们之间的关系就必将继续恶化。

几年前我住在芝加哥，常常去太平洋花园会议中心做志愿者。我遇到一些人，跟我聊起自己是如何流落街头的。在他们的故事里，我发现一条共同的线索：他们都曾被人不公平地对待过——至少他们自己是如此认为的，但他们没有得到道歉。他们中的不少人也承认，自己也得罪过别人，也没有道歉。结果是这些人的生命里充满了一连串支离破碎的关系，最后，他们找不到可以求助的人，只好流浪街头。我常常想，如果有人教会这些人如何道歉，他们会不会不至于落到这种地步？

近年来，我们看到很多的公司高管被起诉，甚至因欺诈罪被判刑。这时我也禁不住想，如果这些高管在职场晋升的过程中学会了道歉，事情是不是会完全不一样呢？

如今，不少的政府工作人员也涉及犯罪行为，其中大多数人都声称自己无罪，直到各项证据清晰表明了他们的罪行，才不得不认罪。如果判决涉及道歉问题，他们要么闪烁其词，要么处处为自己开脱。如果案件涉及政府部门和公共事业的领导，这些人都不愿意道歉，主要是害怕道歉可能会对自己不利。

他们的理由是："我最好保持沉默，或许可以保住我的职位，开口道歉可能会失去一切。"他们中间有不少人，终其一生都没有明白，人生有很多东西远比权力和金钱重要得多。阿尔伯特·爱因斯坦曾写下这样一句话："有时，重要的东西是不可以计算的，而可以计算的东西并不重要。"①

打破传统文化的束缚

对于普通人来说，不愿意道歉，是由于受到他们从小到大耳濡目染的文化的影响。因此，就如我们前面讨论的，有些人会立刻进入责备模式，把自己的失败和错误怪罪到别人身上；还有些人会板起面孔，死不承认自己的问题；还有些人会随意作个敷衍的道歉，希望就此把问题抛诸脑后。

然而，越来越多的人正在学习放慢脚步，愿意花时间真诚地向对方道歉，这些人的内心是有力量的，他们是真正的英雄，大家愿意和他们亲近，他们也可以得到大家的信任。

如果道歉成为我们的习惯……

掌握道歉这门艺术并非易事，但它是学得会的，值得你付出努力。道歉为我们打开了一个全新的情感和精神健康的世界。经由道歉，我们可以再次勇敢地面对镜中的自己，也可以重新

---

①Michael S. Woods, *Healing Words* (Oak Park, Ill.: Doctors in Touch, 2004). p19.

第十二章
真实的道歉，真心的饶恕

面对朋友，我们可以"用心灵和诚实"与人交往。那些真心诚意道歉的人，最有可能得到真心诚意的原谅。

如果道歉成为我们的习惯，人与人之间就不再有隔阂了。人们将享受彼此之间真实的关系。诚然，人都会犯错，但人们可以敞开心扉，真诚地处理矛盾和冲突。表达悔意，承认过错，作出赔偿，真诚地悔改，我们会站在那里谦卑地说："我需要有人来原谅我。"我相信，在大多数情况下，只要我们学会了有效的道歉，我们就会收获对方真心的原谅。

如果道歉成为我们的习惯，人与人之间就可以保持健康的关系，人们可以获得他们所需的接纳、支持与鼓励，借助吸毒和酗酒来逃避破裂的关系的人会越来越少，街头流浪汉也会越来越少。

是呀，亲爱的戴维·格蕾丝，我也需要别人的饶恕。不论是 5 岁还是 85 岁，当我们犯错时，我们都需要别人来原谅我们。如果我们学会了有效地向他们道歉，会更容易从他人那里获得饶恕。我真心希望这本书可以帮助所有人都养成道歉的习惯。如果我们更多地认识自己，就会发现自己常常陷入指责别人、否认错误，或者敷衍了事地道歉等错误的模式中，而不是真正地面对和处理错误。

> 讨论：
>
> 花点时间讨论我们社会的一些冲突和弊端，看看"承认过错"将如何助力解决这些冲突和弊端。

致　谢

如果我们没能及时向数百对夫妇道谢,我们就需要向他们道歉了。如果没有他们的帮助,花时间填写我们的道歉问卷,这本书是不可能完成的。他们中有很多夫妻愿意真诚地告诉我们,他们在道歉和原谅时遭遇的挫败。还有一些夫妻分享了自己如何学习有效的道歉的艺术,诉说了和解给他们带来的真实喜悦。正因为他们真诚的分享,这本书才变得如此丰富多彩。

我们两人也感谢找我们做辅导的夫妇和个人。很多客户来找我们,因为他们受到伤害后,无法从对方那里获得有效的道歉。我们通过聆听他们的故事,了解到他们内心遭受拒绝的伤痛。在一些案例中,有不少人为我们带来了欢喜,他们通过努力,学会了向人道歉,或者接受对方的道歉,为双方的关系打开了原谅与和解之门。为了保护他们的隐私，书中没有使用他们的真名，一些细节也作了微调，他们的故事为本书增色不少。

我们特别感谢特里西娅·库贝，她帮助我们将手稿输入电脑，给我们很多鼓励。我们也感谢莎伦·瓦尔登，她帮忙制作了"道歉语言问卷调查"，该调查收录在本书的末尾。莎伦·瓦尔登还帮助我们收集和整理调查问卷。还有我们的技术专家凯·塔特姆，他将我们的手稿编辑整理以便出版发行。还要感谢野火营销公司的罗布·伊格尔的指导和帮助。

我们也感谢格雷格·桑顿、贝琪·纽恩豪斯，以及慕迪出版社的优秀团队，他们不仅在编辑这本书的过程中做了非常出色的工作，而且在我们的研究和写作过程中，给予了我们极大的鼓励。

最后，我们两人都要感谢我们的配偶，我的妻子卡洛琳和詹妮弗的丈夫J.T.，并将此书敬献给他们。若非他们的爱与支持，我们无法获得情感上的力量，最终完成这个作品。这本书是对他们的慷慨精神的致谢。

盖瑞·查普曼博士
詹妮弗·托马斯博士

道歉时不能说什么

你什么时候会不理会别人的道歉，认为此人毫无诚意？通常，我们一听到指责、辩解否认的话时，就会马上拒绝这个道歉。你想用最佳的方式练习，以便有效地道歉吗？如果答案是肯定的，请千万避免用下面的话。我在辅导时，一旦听到来访者向自己的配偶说这样的话，就会打断他们，说："你走错方向了。如果你想搞砸你们之间的关系，你可以继续这样做。"

- 你还没忘记这事吗？
- 既然你觉得我冒犯了你，那就对不起。
- 我求上帝原谅我，上帝已经原谅我了。
- 我应该被原谅，因为我……
- 你太敏感了，我不过是开个玩笑。
- 你怎么老是……
- 如果你没有先……
- 你说话跟你妈一模一样。
- 这简直太愚蠢了。
- 生活不就是这样吗？
- 有什么大不了的？
- 就算你觉得自己受了伤害……
- 你就饶了我吧。
- 你只需要忘了它。
- 我现在对此无能为力，我又不能回到过去。
- 你为什么不能既往不咎呢？

道歉时要说什么

道歉的正确方法是什么呢？有两种好方法：
一、你可以先花点时间把道歉的话写下来，然后读给对方听；
二、你可以直接开口向对方道歉。
请勿通过电子邮件、短信或其他网络手段去作认真严肃的道歉。请花点时间和对方直接交流，能更好地表达你的诚意。

如何成功地向对方道歉？你的身体语言可以起到帮助作用，也可以起到破坏作用。记住：和对方保持眼神接触，不要防御性地在胸前交叉双臂，认真听对方讲话，说话时语气友好。还有，不要指责对方，不要为自己找借口，不要否认自己应该承担的责任。与此相反，你要为自己的那部分问题承担责任（哪怕不全是你的错），对他受伤的感觉表示难过，主动提出补偿方法，谈一谈你要如何做来防止问题再次发生，而且，不要忘记请求对方的原谅。

这里有句话可以帮助你重新回到问题上："我想跟你聊一下（需要道歉的事宜），我意识到了我说的（做的）不对，我想为此道歉。"这句话可以帮助谈话回到你需要道歉的事情上来，表示你愿意打开心扉面对对方，而不是仍然心怀芥蒂。

接下来，可以使用以下经过时间考验的真诚的道歉的话。如果你曾多次冒犯对方，并且（或者）你对对方的伤害很大，只要是符合你的情况，可以多使用几句下面的话。

- 是我的错,我没有任何借口。
- 我要为这个错误负责。
- 我们可能需要很长时间才能从我所犯的错中走出来。
- 如果我是你的话,我也很难原谅我。
- 我辜负了你对我的信任。
- 我真的太粗心了,太麻木了,考虑问题太不周到了,我太没有礼貌了。
- 我会努力改正我的错误。
- 我所做的是让人无法接受的。
- 我为我所做的事感到痛心。
- 你不应该受到那样的对待。
- 你完全有理由生气。
- 我知道自己错了。
- 我总是一错再错,我需要改变。
- 我会重新赢得你的信任,我会做……
- 我会弥补你的损失,我会做……
- 我给你带来了这么多困难。
- 我知道行胜于言,我知道我需要让你看到我的变化。
- 你应该得到道歉,我希望没有让你等太久。
- 你可以原谅我吗?

道歉语言问卷调查

下面的问卷调查旨在帮助你发现你的道歉语言。请仔细阅读下述 20 个场景，如果该场景发生在你的生活里，请勾选（√）那个你最可能听到的回答。假设在每个场景中，你和对方都愿意保持相互尊重、相互照顾的友爱关系。换句话说，如果你们之间的关系被另一个人破坏了，假设这段关系很重要，以至于你觉得对方应该向你道歉。同时，假设你已经用某种明显和直接的方式向对方表达你受到了伤害，对方也已经知道自己伤害了你。

在 20 个场景中，有些反应非常相似，请忽略这些相似点，选择那些最符合你的回应，然后继续答题。

1. 你的配偶忘记了你们的结婚纪念日（如果你还是单身，请假设你已经结婚了）。他／她应该如此向你道歉：

　　_____ ◇ "真不敢相信我怎么忘记了，你以及我们的婚姻对我都非常重要，实在是对不起。"

　　_____ ○ "我找不出任何借口应该忘记这件事情，我在想些什么啊？"

　　_____ △ "我要怎么做才能向你证明我对你的爱呢？"

　　_____ □ "我向你发誓明年绝不会忘记了，我要把日历上的这个日期画上圈圈。"

　　_____ ☆ "我知道你受伤了，但是，你可以原谅我吗？"

2. 你母亲明明知道你对某件事情的看法，却明知故犯，违背了你的意愿，她应该如此向你道歉：

　　_____ ○ "我要是稍微想一想我在做什么，我就会意识到这是错的。"

　　_____ △ "我该怎么做，才能重新赢回你对我的敬重呢？"

　　_____ □ "今后我再也不会对你的感受不以为意了。"

　　_____ ☆ "你可以再给我一次机会吗？"

　　_____ ◇ "我明明知道你的感受，可还是不顾你的意愿行事，我真希望自己从来没有这样做。"

道歉的五种语言
When Sorry Isn't Enough

3. 你身处危机需要帮助,你的朋友却忽视了你的需要,他/她应该如此向你道歉:

　　_____△ "简单地说一句'对不起'真的不够,我还需要说些什么或做点什么来修补我们之间的友谊呢?"

　　_____□ "我现在意识到了我本应该更多地帮助你,我向你保证,下次你再碰到困难的时候,我将会尽我所能来帮助你。"

　　_____☆ "我真心地道歉,请你原谅我吧!"

　　_____◇ "我应该在你的身旁陪着你,我真的非常抱歉,让你失望了。"

　　_____○ "我在你最需要我的时候却让你失望了,我犯了一个特别大的错误。"

4. 你妹妹说话非常不注意,伤害了你,她应该如此向你道歉:

　　_____□ "虽然将来我可能还会说错话,但从这一次的事情里,我接受了教训,不会再说这样没轻没重的话来伤害你了。"

　　_____☆ "我搞砸了,你可以原谅我吗?"

　　_____◇ "我实在是太没心没肺了,我真希望我可以更多地照顾你的感受。"

_____○ "我知道我所说的不对,我伤害了你。"

_____△ "我可以收回我说的话吗?我希望有机会可以恢复你的名誉。"

5. 你没做什么不对的事,你的配偶却对你大发雷霆,他/她应该如此向你道歉:

_____☆ "真对不起,我不应该对你大喊大叫,希望你可以发自内心原谅我。"

_____◇ "我希望我没有对你大喊大叫,我希望你没有受伤。我怎么能那样对待你呢?我心里觉得很难过。"

_____○ "我当时太生气了,但是我没有权利那样对你说话,你不该遭受那样的对待。"

_____△ "我到底应该怎么说或怎么做,可以让我们重新和好如初?"

_____□ "我很担心将来我还会这样做,但我真的不愿意再这样了。帮我想想,有什么办法可以避免我今后随意发怒呢?"

6. 你为自己的成就感到骄傲，可你的朋友好像认为它微不足道。他/她应该如此向你道歉：

　　_____◇ "你需要我和你一起分享你的快乐，而我让你失望了，我对自己没有恰当地回应你感到很懊悔。"

　　_____○ "我没有和你一起庆祝，破坏了你的心情，我本来可以为自己找借口，可是，我真的没有理由忽视你的成就。"

　　_____△ "如果我们现在重新为你庆祝，不会太晚吧？我真的想补偿你。"

　　_____□ "我保证，今后会留意你的成就，并为你庆祝。这一次我得到了一个大教训。"

　　_____☆ "我知道之前我让你失望了，可是，你能再原谅我一次吗？"

7. 涉及双方共同利益时，你的生意伙伴却没有征询你的意见，他/她应该如此向你道歉：

　　_____○ "这次我真的搞砸了，我不应该自作主张作了决定，你有权利生我的气。"

　　_____△ "我可以做点什么来弥补自己的过失吗？"

_____□ "我下决心，今后无论什么事都要先问问你的想法，绝不会再绕过你作决定了。"

_____☆ "你完全有权利为这件事生我的气，可是，你能原谅我吗？"

_____◇ "我现在知道了，我深深地伤害了你，我真的为自己的所作所为感到难过。"

8. 一位同事搞恶作剧，让你在办公室的其他人面前出丑，他/她应该如此向你道歉：

_____△ "我应该怎么做，来修补我们之间的关系呢？你要不要我当着全体同事的面向你公开道歉？"

_____□ "很多时候我不在乎别人的感受，但是我希望今后自己可以更关心你，也更关心别人。你可以帮助我成为一个更有责任心的人吗？"

_____☆ "我不是有意要伤害你，现在，我能做的就是请你原谅我，并努力不再犯同样的错。"

_____◇ "我真后悔让你那么尴尬，我希望自己可以回到那一刻，说点更合适的话。"

_____○ "我真是太没心没肺了，我以为我是在开玩笑，可是，我明明是在伤害你，一点也不好笑。"

9. 你想要跟朋友说件非常重要的事,可他/她表现得漠不关心,他/她应该如此向你道歉:

   _____□ "这一次我搞砸了。不过,我保证,今后你有重要的事跟我说时,我会全神贯注地倾听。"

   _____☆ "对不起,我没有认真听你说话,你有权利不原谅我,但我还是希望你可以原谅我。"

   _____◇ "我没认真听你说话,我觉得很难过,我知道那种有重要的事想说给人听的感觉,我非常后悔我没有认真听你说话。"

   _____○ "倾听对于亲近的关系来说,是非常重要的一部分,可是,我又一次搞砸了,你需要我听你说话,而我忽略了你的需求。"

   _____△ "我们能重来一次吗?我听,你说,我会全心全意地关注你。"

10. 你弟弟刚刚了解到,在之前你们之间的一个重要的冲突里,是他不对,他应该如此向你道歉:

    _____☆ "我向你道歉,你愿意原谅我吗?"

    _____◇ "我觉得很不安,在上次我们的分歧中,我的表现实在是太差了,严重危及了我们之间的关系,这让我觉得害怕,我后悔了,我怎么能够那样呢?"

_____○ "我承认我错了,如果我当时就知道了现在才知道的事就好了,我们大家都不用伤心这么长时间了。"

_____△ "我该做点什么,来修补我们之间的关系呢?我觉得我应该说点或做点什么,来重新赢得你对我的尊重。"

_____□ "如果将来我们还会面临分歧,我决定先收集所有的事实,再下判断,这样我们就不会发生无谓的争执了。"

11. 尽管你已经跟配偶多次表达过对他/她的一个特定的生活习惯的不满,但你的配偶却依然如故,不考虑你的感受,他/她应该如此向你道歉:

_____◇ "我做得太过分了,非常对不起,我没有考虑你的意愿,如果你这样对待我,我也不会高兴的。"

_____○ "好吧,我承认,我是故意惹你不开心啦,这样并不好玩,对你也不公平,我需要更成熟一些。"

_____△ "说'对不起'也改变不了我故意冒犯你的这个事实,我要怎么做才可以赢回你的心呢?"

_____ □ "我已经养成了无视你的意愿的习惯，我不想再这样下去了，从现在开始，我要格外努力，按你希望的来做。"

_____ ☆ "你忍耐我很久了。现在，我想请你原谅我，你愿意给我一个机会，让我从头再来，努力按你说的去做吗？"

12. 你父亲对你使用"冷暴力"，好让你对你们之间的分歧感到内疚，他应该如此向你道歉：

_____ ○ "毫无疑问，是我做得不对。我应该以更公正和诚实的态度来处理这件事。"

_____ △ "我希望弥补我的过失，也想再和你聊聊，我带你出去好好吃一顿，好吗？"

_____ □ "今后，我会诚实地告诉你我的感受，而不是想着让你因为不同意我的观点而感到内疚。"

_____ ☆ "我知道你有选择的权利，可我真的希望你可以原谅我。"

_____ ◇ "你都已经长大成人了。我觉得很难过，我怎么可以这样控制你呢？我不想再破坏我们之间的关系了。"

13. 你的生意伙伴言而无信，导致你没能赶上一个重要项目的截止工期，造成生意的损失，他/她应该如此向你道歉：

　　____□ "现在做什么都太晚了，但是我非常希望可以避免此类事情再次发生。你愿意跟我聊聊将来如何更好地兑现我的承诺吗？"

　　____☆ "我给你惹了这么大的麻烦，不敢奢望你会原谅我。但是，如果你愿意原谅我，我会非常感激。"

　　____◇ "真的非常抱歉，我答应了你，我可以完成任务的。结果不仅让你失望，还害得你没赶上项目的截止日期，我知道这不仅危及了你的工作，也损害了我们的合作关系。"

　　____○ "这次真的是我搞砸了，都是因为我，害得你没赶上项目的截止日期。"

　　____△ "我不知道在这一点上我能做点什么。在你没赶上项目的截止日期的事情上，有没有办法让我弥补你？"

14. 你的邻居约你一起去听音乐会，让你在剧院门外等他/她，结果他/她根本没来，他/她应该如此向你道歉：

　　____☆ "我们之间的友谊真的非常重要，我希望你不要放弃我,你能原谅我失约吗?"

_____ ◇ "我真的非常抱歉,让你站在外面等我那么久,你对我非常重要,我应该更在意你的感受,珍惜你的时间,我应该说到就到的。"

_____ ○ "你站在那里等我,以为我随时可能出现,结果我却让你大失所望了。要是我做事情效率更高一点,我就可以赶过去了。这件事都是我的错。"

_____ △ "我们可不可以再听一场音乐会呢?这一次,我给你买票,作为上次爽约的道歉。"

_____ □ "今后,我一定管理好自己的时间,安排好事情的优先顺序,这样就可以照顾好我们的友谊了。"

15. 朋友来访,他/她的孩子打碎了你家里的一件珍贵物品,你的朋友应该如此向你道歉:

_____ ◇ "我知道这是你最珍视的物品之一,我对发生的事情感到很难受。"

_____ ○ "我应该更仔细地看住我的孩子,都是我的错,没有花足够的精力关注孩子,如果我稍微留心一下,事情就不会发生了。"

_____ △ "我可以赔偿你这件东西的钱吗?或者我到哪里

重新给你买一个？有没有什么办法，让我可以补偿你？"

_____ □ "我保证今后更加注意保护你的东西，来你家时一定不准孩子跑到不许他们去的地方。"

_____ ☆ "你有权利难过，但我还是希望你可以原谅我。虽然你很失望，但请允许我继续做你的朋友。"

16. 有同事责备你，将项目的失败完全归咎于你，而其实他/她也是项目的负责人之一，他/她应该如此向你道歉：

_____ △ "我无法为自己的错找任何借口，只有一件事可以让我感觉稍微好一点儿，就是我们的关系恢复正常。你需要我为你做或说点什么吗？"

_____ □ "我决定，要么学会如何更恰当地对待我的团队成员，要么就不再担任负责人的职务了。我希望通过这次经历获得成长。"

_____ ☆ "请原谅我，我不该责备你，我也为此祈祷，希望你可以原谅我。"

_____ ◇ "我不敢相信我竟然那样责备你，我真的为自己的行为感到羞愧，真是对不起！"

_____ ○ "我应该和你及其他人一样，为这次的失败负起责

219

任，我应该勇敢承认自己在这方面的缺陷和问题。"

17. 你的同事辜负了你对他／她的信任，把承诺要为你保守的秘密告诉了办公室里的其他人，他／她应该如此向你道歉：

　　_____○ "我答应过会为你保守秘密的，可是我却食言了，辜负了你对我的信任，我犯了一个很大的错误。"

　　_____△ "你可以帮帮我，让我知道我该如何做，来重新赢回你对我的信任。"

　　_____□ "我知道，你需要一些时间才能重新信任我，但我会从现在开始努力向你证明我是值得信赖的。"

　　_____☆ "你不必马上就答应我，但你愿意考虑一下吗？请你原谅我这次所犯的错吧。"

　　_____◇ "如果我能多想想把你的秘密告诉别人会给你带来多大的伤害就好了。我没有认真地对待自己许下的诺言，我觉得很难过。"

18. 你的队友向团队里的其他队员说你的坏话，他／她应该如此向你道歉：

　　_____△ "我想尽我所能来改正我的错误，要不要我在团队所有人面前向你公开道歉？"

　　_____□ "如果下次我对你有什么意见，我一定会把我的想法收集整理好，再以尊重你的方式直接向你表达的。"

_____ ☆ "你也许无法原谅我，至少是现在无法原谅我。但我希望有一天，你可以原谅我。"

_____ ◇ "我的话既刻薄又不客观。我很后悔我说了那样的话，我真希望我可以收回这些话。"

_____ ○ "我的态度很恶劣，完全没有想过你为团队作出的积极贡献，我说那样的话之前，应该多动动脑子想一想的。"

19. 你的主管不顾你曾经的积极贡献，一味指责、批评你的表现。他 / 她应该如此向你道歉：

_____ □ "你的努力应该得到认可，下次我会综合考虑，更加公正地看待的。"

_____ ☆ "我希望这件事不会破坏了我们之间的关系，你可以接受我的道歉吗？"

_____ ◇ "对不起，我只盯着你工作上的小瑕疵，我后悔没有更多地鼓励你。"

_____ ○ "我忽略了表扬你工作中的许多长处，这会让你觉得所有的付出都付诸东流了。作为你的上司，我应该更多表扬你在工作中所做的一切努力。"

_____ △ "我怎样才能得到你的原谅呢？要不要我把你在工作中的优势都写下来啊？"

20. 午餐时，服务员把食物掉在你身上，弄脏了你的衬衣，他/她应该如此向你道歉：

_____ ☆ "您能原谅我的粗心吗？"

_____ ◇ "太对不起了！我弄脏了你的衬衣，给你造成了诸多不便。我很难过。"

_____ ○ "我一般都会很小心，但这一次我不够仔细，都是我的错，弄得一团糟。"

_____ △ "我愿意支付衣服的干洗费，或者是赔偿您一件新衬衣的费用，您觉得怎样更合适呢？"

_____ □ "这给了我一个沉痛的教训。您放心，我今后为客人服务时一定会更加小心的。"

如何记录结果和打分

数一数问卷中你所勾选的每个图案的数目,将它们的总数分别记录在下面横线上。例如,如果你数了共有 8 个 □,就将数字 8 记录在下面有 □ 图案的横线上。

| ——— | ——— | ——— | ——— | ——— |
| ◇ | ○ | △ | □ | ☆ |

诚如你所料,这五个图案各自代表了一种道歉语言。其中,◇ = 表达悔意,○ = 承认过错,△ = 弥补过失,□ = 真诚悔改,☆ = 请求原谅。在回答这 20 个问题的过程中,你选择最多的答案,就是你的主要道歉语言。

显然,任何一种语言的最高分都是 20 分。如果你有两种或两种以上的语言的分数相同,那么你可能会觉得自己对两种或两种以上的道歉语言的接受度是一样的。

_____○ "我忽略了表扬你工作中的许多长处,这会让你觉得所有的付出都付诸东流了。作为你的上司,我应该更多表扬你在工作中所做的一切努力。"

_____△ "我怎样才能得到你的原谅呢?要不要我把你在工作中的优势都写下来啊?"

20. 午餐时,服务员把食物掉在你身上,弄脏了你的衬衣,他／她应该如此向你道歉:

_____☆ "您能原谅我的粗心吗?"

_____◇ "太对不起了!我弄脏了你的衬衣,给你造成了诸多不便。我很难过。"

_____○ "我一般都会很小心,但这一次我不够仔细,都是我的错,弄得一团糟。"

_____△ "我愿意支付衣服的干洗费,或者是赔偿您一件新衬衣的费用,您觉得怎样更合适呢?"

_____□ "这给了我一个沉痛的教训。您放心,我今后为客人服务时一定会更加小心的。"

如何记录结果和打分

数一数问卷中你所勾选的每个图案的数目,将它们的总数分别记录在下面横线上。例如,如果你数了共有 8 个 □,就将数字 8 记录在下面有 □ 图案的横线上。

_____   _____   _____   _____   _____
  ◇   ○   △   □   ☆

诚如你所料,这五个图案各自代表了一种道歉语言。其中,◇ = 表达悔意,○ = 承认过错,△ = 弥补过失,□ = 真诚悔改,☆ = 请求原谅。在回答这 20 个问题的过程中,你选择最多的答案,就是你的主要道歉语言。

显然,任何一种语言的最高分都是 20 分。如果你有两种或两种以上的语言的分数相同,那么你可能会觉得自己对两种或两种以上的道歉语言的接受度是一样的。

道歉语言问卷调查

1. 你的配偶忘记了你们的结婚纪念日（如果你还是单身，请假设你已经结婚了）。他／她应该如此向你道歉：

    _____ ◇ "真不敢相信我怎么忘记了，你以及我们的婚姻对我都非常重要，实在是对不起。"

    _____ ○ "我找不出任何借口应该忘记这件事情，我在想些什么啊？"

    _____ △ "我要怎么做才能向你证明我对你的爱呢？"

    _____ □ "我向你发誓明年绝不会忘记了，我要把日历上的这个日期画上圈圈。"

    _____ ☆ "我知道你受伤了，但是，你可以原谅我吗？"

2. 你母亲明明知道你对某件事情的看法，却明知故犯，违背了你的意愿，她应该如此向你道歉：

    _____ ○ "我要是稍微想一想我在做什么，我就会意识到这是错的。"

    _____ △ "我该怎么做，才能重新赢回你对我的敬重呢？"

    _____ □ "今后我再也不会对你的感受不以为意了。"

    _____ ☆ "你可以再给我一次机会吗？"

    _____ ◇ "我明明知道你的感受，可还是不顾你的意愿行事，我真希望自己从来没有这样做。"

3. 你身处危机需要帮助，你的朋友却忽视了你的需要，他／她应该如此向你道歉：

    _____ △ "简单地说一句'对不起'真的不够，我还需要说些什么或做点什么来修补我们之间的友谊呢？"

    _____ □ "我现在意识到了我本应该更多地帮助你，我向你保证，下次你再碰到困难的时候，我将会尽我所能来帮助你。"

    _____ ☆ "我真心地道歉，请你原谅我吧！"

    _____ ◇ "我应该在你的身旁陪着你，我真的非常抱歉，让你失望了。"

    _____ ○ "我在你最需要我的时候却让你失望了，我犯了一个特别大的错误。"

4. 你妹妹说话非常不注意，伤害了你，她应该如此向你道歉：

　　_____ □ "虽然将来我可能还会说错话，但从这一次的事情里，我接受了教训，不会再说这样没轻没重的话来伤害你了。"

　　_____ ☆ "我搞砸了，你可以原谅我吗？"

　　_____ ◇ "我实在是太没心没肺了，我真希望我可以更多地照顾你的感受。"

　　_____ ○ "我知道我所说的不对，我伤害了你。"

　　_____ △ "我可以收回我说的话吗？我希望有机会可以恢复你的名誉。"

5. 你没做什么不对的事，你的配偶却对你大发雷霆，他／她应该如此向你道歉：

　　_____ ☆ "真对不起，我不应该对你大喊大叫，希望你可以发自内心原谅我。"

　　_____ ◇ "我希望我没有对你大喊大叫，我希望你没有受伤。我怎么能那样对待你呢？我心里觉得很难过。"

　　_____ ○ "我当时太生气了，但是我没有权利那样对你说话，你不该遭受那样的对待。"

　　_____ △ "我到底应该怎么说或怎么做，可以让我们重新和好如初？"

　　_____ □ "我很担心将来我还会这样做，但我真的不愿意再这样了。帮我想想，有什么办法可以避免我今后随意发怒呢？"

6. 你为自己的成就感到骄傲，可你的朋友好像认为它微不足道。他／她应该如此向你道歉：

　　_____ ◇ "你需要我和你一起分享你的快乐，而我让你失望了，我对自己没有恰当地回应你感到很懊悔。"

　　_____ ○ "我没有和你一起庆祝，破坏了你的心情，我本来可以为自己找借口，可是，我真的没有理由忽视你的成就。"

　　_____ △ "如果我们现在重新为你庆祝，不会太晚吧？我真的想补偿你。"

　　_____ □ "我保证，今后会留意你的成就，并为你庆祝。这一次我得到了一个大教训。"

17. 你的同事辜负了你对他／她的信任，把承诺要为你保守的秘密告诉了办公室里的其他人，他／她应该如此向你道歉：

　　_____○ "我答应过会为你保守秘密的，可是我却食言了，辜负了你对我的信任，我犯了一个很大的错误。"

　　_____△ "你可以帮帮我，让我知道我该如何做，来重新赢回你对我的信任。"

　　_____□ "我知道，你需要一些时间才能重新信任我，但我会从现在开始努力向你证明我是值得信赖的。"

　　_____☆ "你不必马上就答应我，但你愿意考虑一下吗？请你原谅我这次所犯的错吧。"

　　_____◇ "如果我能多想想把你的秘密告诉别人会给你带来多大的伤害就好了。我没有认真地对待自己许下的诺言，我觉得很难过。"

18. 你的队友向团队里的其他队员说你的坏话，他／她应该如此向你道歉：

　　_____△ "我想尽我所能来改正我的错误，要不要我在团队所有人面前向你公开道歉？"

　　_____□ "如果下次我对你有什么意见，我一定会把我的想法收集整理好，再以尊重你的方式直接向你表达的。"

　　_____☆ "你也许无法原谅我，至少是现在无法原谅我。但我希望有一天，你可以原谅我。"

　　_____◇ "我的话既刻薄又不客观。我很后悔我说了那样的话，我真希望我可以收回这些话。"

　　_____○ "我的态度很恶劣，完全没有想过你为团队作出的积极贡献，我说那样的话之前，应该多动动脑子想一想的。"

19. 你的主管不顾你曾经的积极贡献，一味指责、批评你的表现。他／她应该如此向你道歉：

　　_____□ "你的努力应该得到认可，下次我会综合考虑，更加公正地看待的。"

　　_____☆ "我希望这件事不会破坏了我们之间的关系，你可以接受我的道歉吗？"

　　_____◇ "对不起，我只盯着你工作上的小瑕疵，我后悔没有更多地鼓励你。"

_____ ☆ "我知道之前我让你失望了,可是,你能再原谅我一次吗?"

7. 涉及双方共同利益时,你的生意伙伴却没有征询你的意见,他／她应该如此向你道歉:

　　_____ ○ "这次我真的搞砸了,我不应该自作主张作了决定,你有权利生我的气。"

　　_____ △ "我可以做点什么来弥补自己的过失吗?"

　　_____ □ "我下决心,今后无论什么事都要先问问你的想法,绝不会再绕过你作决定了。"

　　_____ ☆ "你完全有权利为这件事生我的气,可是,你能原谅我吗?"

　　_____ ◇ "我现在知道了,我深深地伤害了你,我真的为自己的所作所为感到难过。"

8. 一位同事搞恶作剧,让你在办公室的其他人面前出丑,他／她应该如此向你道歉:

　　_____ △ "我应该怎么做,来修补我们之间的关系呢?你要不要我当着全体同事的面向你公开道歉?"

　　_____ □ "很多时候我不在乎别人的感受,但是我希望今后自己可以更关心你,也更关心别人。你可以帮助我成为一个更有责任心的人吗?"

　　_____ ☆ "我不是有意要伤害你,现在,我能做的就是请你原谅我,并努力不再犯同样的错。"

　　_____ ◇ "我真后悔让你那么尴尬,我希望自己可以回到那一刻,说点更合适的话。"

　　_____ ○ "我真是太没心没肺了,我以为我是在开玩笑,可是,我明明是在伤害你,一点也不好笑。"

9. 你想要跟朋友说件非常重要的事,可他／她表现得漠不关心,他／她应该如此向你道歉:

　　_____ □ "这一次我搞砸了。不过,我保证,今后你有重要的事跟我说时,我会全神贯注地倾听。"

　　_____ ☆ "对不起,我没有认真听你说话,你有权利不原谅我,但我还是希望你可以原谅我。"

　　_____ ◇ "我没认真听你说话,我觉得很难过,我知道那种有重

　　　　大失所望了。要是我做事情效率更高一点，我就可以赶过去了。这件事都是我的错。"

　　_____△"我们可不可以再听一场音乐会呢？这一次，我给你买票，作为上次爽约的道歉。"

　　_____□"今后，我一定管理好自己的时间，安排好事情的优先顺序，这样就可以照顾好我们的友谊了。"

15. 朋友来访，他／她的孩子打碎了你家里的一件珍贵物品，你的朋友应该如此向你道歉：

　　_____◇"我知道这是你最珍视的物品之一，我对发生的事情感到很难受。"

　　_____○"我应该更仔细地看住我的孩子，都是我的错，没有花足够的精力关注孩子，如果我稍微留心一下，事情就不会发生了。"

　　_____△"我可以赔偿你这件东西的钱吗？或者我到哪里重新给你买一个？有没有什么办法，让我可以补偿你？"

　　_____□"我保证今后更加注意保护你的东西，来你家时一定不准孩子跑到不许他们去的地方。"

　　_____☆"你有权利难过，但我还是希望你可以原谅我。虽然你很失望，但请允许我继续做你的朋友。"

16. 有同事责备你，将项目的失败完全归咎于你，而其实他／她也是项目的负责人之一，他／她应该如此向你道歉：

　　_____△"我无法为自己的错找任何借口，只有一件事可以让我感觉稍微好一点儿，就是我们的关系恢复正常。你需要我为你做或说点什么吗？"

　　_____□"我决定，要么学会如何更恰当地对待我的团队成员，要么就不再担任负责人的职务了。我希望通过这次经历获得成长。"

　　_____☆"请原谅我，我不该责备你，我也为此祈祷，希望你可以原谅我。"

　　_____◇"我不敢相信我竟然那样责备你，我真的为自己的行为感到羞愧，真是对不起！"

　　_____○"我应该和你及其他人一样，为这次的失败负起责任，我应该勇敢承认自己在这方面的缺陷和问题。"

要的事想说给人听的感觉，我非常后悔我没有认真听你说话。"

_____○ "倾听对于亲近的关系来说，是非常重要的一部分，可是，我又一次搞砸了，你需要我听你说话，而我忽略了你的需求。"

_____△ "我们能重来一次吗？我听，你说，我会全心全意地关注你。"

10. 你弟弟刚刚了解到，在之前你们之间的一个重要的冲突里，是他不对，他应该如此向你道歉：

_____☆ "我向你道歉，你愿意原谅我吗？"

_____◇ "我觉得很不安，在上次我们的分歧中，我的表现实在是太差了，严重危及了我们之间的关系，这让我觉得害怕，我后悔了，我怎么能够那样呢？"

_____○ "我承认我错了，如果我当时就知道了现在才知道的事就好了，我们大家都不用伤心这么长时间了。"

_____△ "我该做点什么，来修补我们之间的关系呢？我觉得我应该说点或做点什么，来重新赢得你对我的尊重。"

_____□ "如果将来我们还会面临分歧，我决定先收集所有的事实，再下判断，这样我们就不会发生无谓的争执了。"

11. 尽管你已经跟配偶多次表达过对他/她的一个特定的生活习惯的不满，但你的配偶却依然如故，不考虑你的感受，他/她应该如此向你道歉：

_____◇ "我做得太过分了，非常对不起，我没有考虑你的意愿，如果你这样对待我，我也不会高兴的。"

_____○ "好吧，我承认，我是故意惹你不开心啦，这样并不好玩，对你也不公平，我需要更成熟一些。"

_____△ "说'对不起'也改变不了我故意冒犯你的这个事实，我要怎么做才可以赢回你的心呢？"

_____□ "我已经养成了无视你的意愿的习惯，我不想再这样下去了，从现在开始，我要格外努力，按你希望的来做。"

_____☆ "你忍耐我很久了。现在，我想请你原谅我，你愿意给我一个机会，让我从头再来，努力按你说的去做吗？"

12. 你父亲对你使用"冷暴力"，好让你对你们之间的分歧感到内疚，他应该如此向你道歉：

    _____ ○ "毫无疑问，是我做得不对。我应该以更公正和诚实的态度来处理这件事。"

    _____ △ "我希望弥补我的过失，也想再和你聊聊，我带你出去好好吃一顿，好吗？"

    _____ □ "今后，我会诚实地告诉你我的感受，而不是想着让你因为不同意我的观点而感到内疚。"

    _____ ☆ "我知道你有选择的权利，可我真的希望你可以原谅我。"

    _____ ◇ "你都已经长大成人了。我觉得很难过，我怎么可以这样控制你呢？我不想再破坏我们之间的关系了。"

13. 你的生意伙伴言而无信，导致你没能赶上一个重要项目的截止工期，造成生意的损失，他／她应该如此向你道歉：

    _____ □ "现在做什么都太晚了，但是我非常希望可以避免此类事情再次发生。你愿意跟我聊聊将来如何更好地兑现我的承诺吗？"

    _____ ☆ "我给你惹了这么大的麻烦，不敢奢望你会原谅我。但是，如果你愿意原谅我，我会非常感激。"

    _____ ◇ "真的非常抱歉，我答应了你，我可以完成任务的。结果不仅让你失望，还害得你没赶上项目的截止日期，我知道这不仅危及了你的工作，也损害了我们的合作关系。"

    _____ ○ "这次真的是我搞砸了，都是因为我，害得你没赶上项目的截止日期。"

    _____ △ "我不知道在这一点上我能做点什么。在你没赶上项目的截止日期的事情上，有没有办法让我弥补你？"

14. 你的邻居约你一起去听音乐会，让你在剧院门外等他／她，结果他／她根本没来，他／她应该如此向你道歉：

    _____ ☆ "我们之间的友谊真的非常重要，我希望你不要放弃我，你能原谅我失约吗？"

    _____ ◇ "我真的非常抱歉，让你站在外面等我那么久，你对我非常重要，我应该更在意你的感受，珍惜你的时间，我应该说到就到的。"

    _____ ○ "你站在那里等我，以为我随时可能出现，结果我却让你